인생에서
가장 소중한 것은
고수에게 훔쳐라

일러두기
*본 도서는 2012년에 출간된 《훔쳐라》의 개정판입니다.
*위에 있는 QR코드를 스캔하시면 모바일에서 사진과 함께 본문 내용을 감상하실 수 있습니다.

인생 고수들에게 배우는 16가지 삶의 지혜

인생에서 가장 소중한 것은 고수에게 훔쳐라

이도준 지음

스티브 잡스는 일본의 밥솥 제품에서 아이디어를 가져와
애플 노트북의 전원 어댑터인 맥세이프를 만들었다.
뿐만아니라 제록스의 기술을 훔쳐와 애플의 핵심요소로 만들었다.
에디슨은 남들이 먼저 개발한 기술에 자신이 연구한
결과물을 토대로 실용성과 상업성의 옷을 입혔다.
도요타의 렉서스가 초기에 벤츠 디자인을 모방한 사실은 상식이다.
셰익스피어의 《로미오와 줄리엣》도 아서 브룩이 1562년에 쓴
《로메우스와 줄리에트의 비극적 역사》라는 3020행의 짧은
서사시를 각색하고 살을 입혀 불후의 명작으로 만든 것이다.
남의 것을 훔치는 것에 대해 죄책감을 갖지 마라.
성공하거나 위인이라고 추앙받고 있는 사람들 또한 훔치기의 달인이었다.
훔치는 것에서 그치면 이 책을 읽는 의미가 없다.
온전히 자신의 것으로 만들어라. 또한 훔친 것을 재조합하라.
그래서 훔침을 당한 사람이 '저 사람이 나의 것을 훔쳐서 성공했다고
하는데 뭘 훔쳤는지 모르겠다'고 말할 정도가 되어야 한다.
훔쳐도 제대로 훔쳐야 한다.
어설픈 훔침은 모방보다도 못하다.

인생에서 가장 소중한 것은 고수에게 훔쳐라.
해군보다 해적이 돼라!

이제부터 당신은 도둑의 마음이 되어야 한다.
마음을 단단히 먹고 조금은 독해져야 한다.
마케아벨리즘 사고도 필요하다. 눈을 크게 뜨고
훔칠만한 사고와 생각 리스트를 메모하거나 작성해야 한다.
이 책을 통해 50캐럿의 다이아몬드를 한두 개 찾거나
23캐럿의 순금 10개를 찾거나 상품가치가 없는 진주 몇 개를
찾을 수도 있다. 그건 오직 이 책을 읽는 당신의 몫이다.

머리말

모방하지 말고 훔쳐라
그리고 내 것으로 만들어라

슬로건[Slogan]은 회사나 단체가 자신들의 생각과 주장을 대중들에게 전하려고 만든 간결하면서 철학이 담긴 짧은 어구를 말한다. 본래 전쟁터에서 적진을 향해 달려가며 병사들이 외치는 함성에서 유래되었다. 스코틀랜드에서 위급할 때 집합신호로 외치는 소리[sluagh-ghairm]에서 유래되었다는 설도 있다.

유명 기업들에게는 저마다 슬로건이 있다. 나이키는 'Just Do it', 아디다스는 'impossible is Nothing', 코카콜라는 'Life taste good'이라는 슬로건이 있다. 디즈니는 '오라! 마법에 빠져라!', 시티은행은 '돈이 있는 곳에 우리도 있습니다', 야후의 슬로건은 '당신은 야후합니까?'[Do you Yahoo?]이고, 애플의 초기 슬로건은 깨물어진 사과 모양의 로고와 더불어 '사과를 깨물어라'[bite apple]였다.

국내 기업도 예외는 아니다. 가장 기억에 남는 유한킴벌리의 '우리 강산 푸르게 푸르게'든지 두산의 '사람이 미래다', 포스코의 '소리 없이 세상을 움직입니다'가 대표적일 것이다. 하지만 뭐니뭐니해도 역대 최고의 슬로건은 2002년 한일월드컵 당시 붉은 악마가 카드 섹션으로 온 세계인을 향해 전했던 'Pride of Asia'와 '꿈은 이루어진다'가 아닐까? 지금도 이 슬로건만 생각하면 벅찬 감동과 전율이 일곤 한다.

유능한 창조자는 모방하고 위대한 창조자는 훔친다

이 책에도 슬로건이 있다. 바로 이 책의 키워드인 '훔쳐라'^{Steal}가 그것이다. 이 책은 개정판으로 재출간되며 《인생에서 가장 소중한 것은 고수에게 훔쳐라》라는 새로운 이름을 달았지만 원제는 《훔쳐라》였다. 이 '훔쳐라'는 내가 독자들에게 전하려고 하는 단 하나의 메시지이자 슬로건이기도 하다.

"훌륭한 예술가는 모방^{Copy}하고, 위대한 예술가는 훔친다."

20세기 가장 훌륭한 화가로 칭송받는 피카소가 한 말이다. 이 명언은 세상 아래 새로운 것은 없으며 인류가 지금껏 만들어놓은 최고의 것을 자신의 일에 접목하는 지혜가 필요하다는 것을 말해주고 있다. '예술가'는 종종 '창조자'나 '창조가'로 대체되어 쓰인다.

이 명언을 제대로 이해하고 실천한 사람이 바로 스티브 잡스와 에디슨이다. 잡스는 제록스의 기술을 훔쳐와 애플의 핵심요소로 만들었고, 에디슨은 남들이 먼저 개발한 기술에 자신이 연구한 결과물을 토대로 실용성과 상업성의 옷을 입혔다.

도요타의 렉서스가 초기에 벤츠 디자인을 모방한 사실은 철지난 상식이다. 셰익스피어의 《로미오와 줄리엣》은 아서 브룩이 1562년에 쓴 《로메우스와 줄리에트의 비극적 역사》라는 3020행의 짧은 서사시를 각색하고 살을 입혀 불후의 명작으로 만든 것이다.

훔쳐라!
그리고 기억하라, 이 책의 메시지는 단 하나뿐이다.

죄책감을 갖지 말고 훔치기의 달인이 되라
물론 이 책에서 말하고자 하는 것은 남의 물건을 훔치는 진짜 도둑질이 아니다. 그건 엄연한 범죄행위이다. 경찰이 출동할 수도 있고 수갑을 찰 수도 있다. 이 책은 위대한 인물들의 생활과 일화 등을 통해 꿈을 만드는 방법, 질문력, 정리정돈, 자신감, 유머, 근검절약, 설득력, 창조력, 부지런함, 자기확신, 심플한 인생법 등 무형의 자산을 훔치라는 것이다. 자세히 들여다보면 하나 혹은 두 개의 이상의 키워드가 책 속에 숨어 있음을 발견하게 될 것이다.

훔치는 것에서 그치면 이 책을 읽는 의미가 없다. 훔친 것을 자신만이 아는 금고에 꼭꼭 숨겨두는 어리석은 일을 하지 마라. 온전히 자신의 것으로 만들어야 한다. 또한 훔친 것을 재조합해야 한다. 그래서 훔침을 당한 사람이 '저 사람이 나의 것을 훔쳐서 성공했다고 하는데 뭘 훔쳤는지 모르겠다'고 말할 정도가 되어야 한다. 훔쳐도 제대로 훔쳐야 한다. 어설픈 훔침은 모방보다도 못하다.

남의 것을 훔치는 것에 대해 죄책감을 갖지 마라. 이 책에서 차차 설명하겠지만 성공하거나 위인이라고 추앙받고 있는 사람들 또한 훔치기의 달인이었다. 그것이 '멘토'나 '롤모델', '벤치마킹'이라는 이름으로 불린다고 해도 본질은 변하지 않는다. 그들은 훔쳤다. 그것도 아주 잘 훔쳤다.

이제부터 당신은 도둑의 마음이 되어야 한다. 마음을 단단히 먹고 조금은 독해져야 한다. 마케아벨리즘 사고도 필요하다. 눈을 크게 뜨고 훔칠만한 사고와 생각 리스트를 메모하거나 작성해야 한다. 이 책을 통해 50캐럿의 다이아몬드를 한두 개 찾거나 23캐럿의 순금 10개를 찾거나 상품가치가 없는 진주 몇 개를 찾을 수도 있다. 그건 오직 이 책을 읽는 당신의 몫이다.

원하는 것을 내 것으로 만드는 마법 같은 이야기

우리는 지금 무한 경쟁시대를 살아가고 있다. 앉을 수 있는 자리는 10개 뿐인데 5~60명의 사람들이 서로 앉으려고 한다. 나이가 들수록 자리는 점점 적어진다. 남보다 특출나지 않으면 도태되기 십상이다. 잠시만 한눈을 팔아도 어느새 내 자리는 없어지고 만다. 이러한 현상은 앞으로 더하면 더했지 덜 하지는 않을 것이다.

영화배우는 관객들의 마음을 훔쳐야 살 수 있다. 소설가는 독자, 상품개발자와 마케터는 소비자, 가수나 연예인들은 팬이나 시청자, 경영자들은 주주와 직원, 직원은 상사, 정치인은 국민, 남자는 여자, 여자는 남자의 마음을 훔쳐야 한다. 이렇게 우리는 서로 다른 이름으로 훔치고 훔침을 당하며 살고 있다. 중요한 것은 누가 더 많이 훔치느냐가 아니라 누가 더 효과적으로 훔치느냐이다.

무엇보다 훔칠 만할 가치가 있는 것을 잘 골라야 한다. 훔쳐서는 결코 안되는 것을 훔치면 도리어 독이 된다.

마지막으로 당부하고 싶은 것은 누군가 만약 당신에게서 장점과 핵심요소를 훔치려는 기미가 느껴지면 적극 도와주라는 것이다. 잘 훔치기 위해서는 훔침을 당하는 것에도 관대해져야 한다. 그래야 공평하다. 마음의 빗장을 풀면 언젠가 당신의 창고에는 보석으로 가득찰 것이다. 당신의 삶에 꿈과 행복이 영원히 함께하기를 기원한다.

2016년 새해에
이도준 씀

유능한 예술가는 모방하고

위대한 예술가는 훔친다

파블로 피카소

| 목차 |

머리말 모방하지 말고 훔쳐라. 그리고 내 것으로 만들어라

1부 베끼고 훔치고 창조하라

♛ 새우잠을 자더라도 고래 꿈을 꾸어라 ························· **21**
당신 꿈의 크기가 바로 당신 인생의 크기이다
꿈은 봉새처럼 크게 가지고 생활은 개미처럼 부지런하게
이 사람을 훔쳐라 ① 카디자 윌리엄스: 꿈은 쓰레기통 속에서도 자란다

♛ 자신이 창조한 것은 자신이 팔아라 ························· **33**
내가 팔지 못하면 남도 팔 수 없다
경쟁력과 판매력을 갖춘 매력적인 사람이 되라
이 사람을 훔쳐라 ② 서머셋 모옴: 자신이 매력적인 상품이라는 것을 알려라

♛ 배려는 당신의 적도 춤추게 한다 ························· **41**
배려는 상대방의 마음을 움직이게 하는 마력이 있다
배려는 결국 자기 자신을 위한 것이다
이 사람을 훔쳐라 ③ 유재석: 나를 빛내기보다는 상대방을 빛나게 한다

♛ 자신만의 고유한 이미지를 팔아라 ························· **53**
외모는 타고나는 것이지만 이미지는 만드는 것이다
제품보다 이미지를 팔아라
이 사람을 훔쳐라 ④ 마릴린 먼로: 우리 모두는 스타이고 빛날 가치가 있다

2부 해군이 되지 말고 해적이 되어라

♛ 세상의 중심에 서서 온리원을 외쳐라 ························ 71
자신만의 온리원을 만들어라
당신은 이 세상에 하나뿐인 소중한 존재이다
이 사람을 훔쳐라 ⑤ 오카노 마사유키: 하나밖에 없는 온리원 제품을 만들어라

♛ 창조적인 사람은 정리정돈에 능하다 ························ 85
성공한 사람의 책상은 언제나 깨끗하고 심플하다
신변 정리에서 사고의 정리까지 확산시켜라
이 사람을 훔쳐라 ⑥ 박태준: 자원은 유한하지만 창의는 무한하다

♛ 거울은 결코 먼저 웃지 않는다 ······························ 97
행복하기 때문에 웃는 것이 아니라 웃기 때문에 행복해진다
웃음 유발자가 되어 유머 테러리스트로 살아라
이 사람을 훔쳐라 ⑦ 윈스턴 처칠: 유머가 많은 사람은 결코 망하지 않는다

♛ 승자의 메시지는 단순하고 명료하다 ······················ 117
가장 간단한 것이 답이다
조건이 같다면 가장 단순한 것이 더 진리에 가깝다
이 사람을 훔쳐라 ⑧ 가브리엘 샤넬: 네 자신이 스스로 명품이 되라

3부 열정을 다해 세상을 훔쳐라

♛ 자신감이라는 작은 씨앗을 크게 키워라 ························ **133**
자신감은 우리 내면에 기거하고 있다
월드컵 4강 신화 뒤에 숨겨진 히딩크의 자신감 교육
이 사람을 훔쳐라 ⑨ 힐러리 클린턴: 자신을 스스로 지킬 수 있어야 한다

♛ 가슴에 항상 물음표를 품어라 ································· **143**
젊었을 때는 물음표로 살고 중년이 되면 느낌표로 살아라
질문하는 사람이 상황을 지배한다
이 사람을 훔쳐라 ⑩ 손석희: 질문은 자기주도적인 삶의 시작이다

♛ 원하는 것을 얻으려면 설득하는 법을 익혀라 ················· **157**
설득의 요령을 키워주는 7가지 법칙
상대방이 스스로 설득하게 만들어라
이 사람을 훔쳐라 ⑪ 나폴레옹: 설득의 대가는 경청의 힘을 알고 있다

♛ 일과 인생은 감성의 높낮이에 따라 결정된다 ················· **169**
지능지수보다 감성지수가 두 배 이상 중요하다
자신의 감수성 정도는 스스로 지켜라
이 사람을 훔쳐라 ⑫ 새미 리: 마음을 다하면 못 이룰게 없다

4부 내 것을 훔치도록 마음의 빗장을 풀어라

👑 불필요한 것을 사게 되면 필요한 것을 팔게 된다·············· 185
부자들은 1센트의 소중함을 알고 있다
작은 구멍이 거대한 배를 침몰시킨다
이 사람을 훔쳐라 ⑬ 리자청: 돈은 쓰는 것이지만 낭비해서는 안된다

👑 부지런한 농사꾼에게 나쁜 땅은 없다·················197
게으름에 빠져 있을 때는 게으름을 알지 못한다
부지런한 사람에게 좋은 운이 온다
이 사람을 훔쳐라 ⑭ 앤더슨 쿠퍼: 유일무이한 존재가 되려면 늘 달라야 한다

👑 평범한 것에 자신만의 이름표를 붙여라 ·························· 211
현실은 평범해도 비범하게 살아야 한다
평범한 꿈은 평범한 인생을, 비범한 꿈은 비범한 인생을 만든다
이 사람을 훔쳐라 ⑮ 마사 그레이엄: 세상의 유일한 죄악은 평범해지는 것이다

👑 작은 행복이 큰 행복을 부른다ㆍ·························· 221
행운이란 기회를 잡을 준비가 되어 있어야 한다
행복하기로 마음먹은 만큼 행복하다
이 사람을 훔쳐라 ⑯ 안정환: 행복과 불행은 내 마음 속에 있다

1부
베끼고
훔치고
창조하라

Good creator copy,
Great creator steal

꿈은 우리에게 등을 돌리지 않는다.
다만 우리가 등을 돌릴 뿐이다. 기억하라.
하늘을 날아 보고 싶다는 한 인간의 꿈이
비행기를 만들었으며 우주여행을 가능케 했다.
꿈이 없는 가난한 사람이 되지 않도록
꿈꾸는 습관을 몸에 익혀라.

꿈은 우리에게 등을 돌리지 않는다.
다만 우리가 등을 돌릴 뿐이다. 기억하라.
하늘을 날아 보고 싶다는 한 인간의 꿈이
비행기를 만들었으며 우주여행을 가능케 했다.
꿈이 없는 가난한 사람이 되지 않도록
꿈꾸는 습관을 몸에 익혀라.

새우잠을 자더라도
고래 꿈을 꾸어라

미국의 사상가이자 《월든》이라는 불세출의 명저를 쓴 헨리 데이비드 소로는 이런 말을 남겼다.

"자신의 꿈이 가리키는 방향으로 꾸준히 나아가면 그리고 꿈꾸던 삶을 살기 위해 노력하면 어느날 문득 예기치 않은 성공과 만나게 될 것이다."

일본 최고의 기업가이자 갑부인 소프트뱅크의 손정의孫正義는 1957년 8월 규슈九州에서 태어났다. 일본 이름은 손 마사요시. 그의 성장 과정은 순탄치 않았다. 할아버지와 부모가 모두 한국인인 그는 '조센진'이라는 놀림을 수없이 받았다. 일본 학생이 던진 돌멩이에 맞은 적도 한두 번이 아니었다. 어린 손정의가 입었을 마음의 상처는 상상 이상의 것이었다.

16살 때인 1974년 손정의는 부모를 두고 혼자 미국 유학길에 올랐다. 어렵사리 미국에 도착한 그는 먼저 자신의 일본 성을 버리고 한국 성인 '손'을 사용하기 시작했다. 그리고 공부에 올인했다. 2주일 만에 고등학교 3년 과정을 마치고 캘리포니아대학교 버클리캠퍼스 경제학부를 졸업했다.

대학 재학 중 1년에 250여 건의 발명품을 만들었고, 일본어를 영어로 번역해주는 번역장치를 개발해 100만 달러에 팔기도 했다. 1981년 9월, 일본 경영종합연구소와 반반씩 출자하여 자본금 1천만 엔으로 일본소프트뱅크를 설립했다. 이후 1990년에 일본소프트뱅크에서 소프트뱅크로 이름을 변경했고 야후와 TV아사히 지분을 인수했다.

손정의가 일본에 돌아와 일본소프트뱅크를 설립할 때의 유명한 일화가 있다. 그는 어느날 조그만 지하실에서 아르바이트생 두 명을 앞에 두고 나무 사과상자 위에 올라갔다.

"우리는 일본을 넘어 세계 최고의 IT기업이 될 것이다. 우리의 목표는 작은 중소기업이 아니라 일본을 대표하고 세계에 이름을 날리는 최고 기업이다."

일종의 회사 창립 기념사였다. 기념사가 끝나자마자 박수대신 고함이 쏟아졌다.

"미친 놈!"

"세상물정 모르는 하룻강아지 같은 놈!"

두 명의 아르바이트생은 뒤도 돌아보지 않고 지하실을 나갔다.

"내 꿈이 허황되지 않았다는 것을 증명해 보이겠다."

이후 손정의는 자신의 꿈을 향해 차근차근 회사를 키워갔다. 그리고 달콤한 열매와 성공을 손에 쥐었다. 2011년 〈포브스〉 선정 일본 1위의 자산가로 선정되었으며 일본을 덮친 쓰나미 성금으로 1400억을 기부해 화제가 되기도 했다. 2012년 4월 현재 그의 트위터 팔로워는 140만 명 남짓이다.

손정의가 미쳤다고 생각하고 도망쳐버린 그 아르바이트생은 지금쯤 무슨 생각을 하고 있을까? 일본 최고 기업의 창립멤버가 될 수도 있었던 좋은 기회를 그들은 스스로 박차고 나간 것이다.

오늘날 대기업으로 성장한 마이크로소프트의 빌 게이츠와 애플의 스티브 잡스의 출발 또한 허름한 차고였다. 비록 작고 초라한 출발이었지만 그들의 가슴 속에는 큰 꿈이 도사리고 있었다. 꿈의 힘은 이런 것이다. 처음은 작아 눈에 잘 보이지 않지만 자가번식하는 세포처럼 점점 커져 어느새 거대한 현실이 되는 것.

꿈을 가질 때 중요한 점이 있다. 그건 될 수 있으면 커다란 꿈을 가져야 한다는 것이다. 손정의의 꿈이 10억의 부자나 100억의 부자였다면 오늘날 같이 10조 원의 재산을 가진 자산가로 성장할 수 없었을 것이다. 크게 성공한 사람 대부분은 큰 꿈을 가슴에 품었다.

당신 꿈의 크기가 바로 당신 인생의 크기이다

꿈은 열정에 불을 붙이고 이루고자 하는 것에 전력을 다해 매진할 수 있는 힘을 갖게 해준다. 꿈을 언제까지 이루고자 하는 기한을 설정하는 그 순간 목표로 바뀌게 된다. 성취하고자 하는 꿈을 이루지 않고서는 살 수 없다는 각오로 집중해야 한다. 그 꿈이 열정으로 승화하여 반드시 이루고야 말겠다는 심정으로 변화하게 될 때, 그것을 이루기 위해서는 무엇이든 할 수 있게 된다.

100미터 달리기 선수들은 100미터만 연습하지 않는다. 100미터는 전 구간에서 전력을 다해 힘을 쏟아야 한다. 그러기 위해서는 100미터 이상을 달릴 수 있는 체력을 키워야 한다. 200미터나 400미터와 연습을 병행하는 것도 이런 이유이다. 비록 당신이 100미터 선수일지라도 200미터와 400미터를 동시에 연습해야 한다.

꿈은 가능한 한 크게 가져야 한다. 남들이 보기에 허황되고 비현실적이라도 해도 작은 꿈을 가슴에 품지 마라. 큰 꿈도 세파에 시달리다 보면 작아지고 작아진 꿈은 어느새 당신의 손에서 스르르 빠져 나가게 된다.

큰 꿈을 이루는 데는 하나의 법칙이 있다. 그건 높은 산을 오르는 등산의 법칙과 유사하다. 낮은 산부터 시작해 차근차근 오른 다음 높은 산을 올라야 한다. 여기에는 철저한 준비와 부단한 노력이 있어야 한다. 처음부터 높은 산을 오르려면 힘도 부치고 끈기도 부족해진다. 목표의식이 흐릿해져 실패할 확률이 높다. 누구보다 큰 꿈을 소유한 사람은 하나하나 단계별로 큰 산을 정복해야 한다. 이게 큰 산을 정복하는 법칙이다.

꿈은 봉새처럼 크게 가지고 생활은 개미처럼 부지런하게

여기서 꼭 잊지 말아야 할 것이 있다. 꿈은 되도록 크게 가지되 충분한 노력과 열정을 쏟아야 한다는 것이다. 붕몽의생鵬夢蟻生의 뜻을 마음에 새겨야 한다. 꿈은 봉새처럼 크게 가지고 생활은 개미처럼 부지런해야 한다.

손정의는 한 강연에서 이렇게 말했다.

"한 번뿐인 인생을 위해 정열과 꿈을 가져라. 자신만의 큰 영웅을 만들고, 도전할 산을 정해라. 그 뒤엔 고민하지 말고 도전하라. 이 산과 저 산 사이를 저울질하는 건 그냥 배회하는 것일 뿐이다. 꿈을 크게 가져라. 인생은 딱 한 번뿐Life is only one time이다."

꿈은 크게 가져라.
그리고 세계 지도보다 더 큰 꿈을 펼쳐라.

 이 고수를 훔쳐라! ① 하버드생 카디자 윌리엄스

꿈은 쓰레기통 속에서도 자란다

"으앙!"

뉴욕 브루클린에서 한 아기가 세상을 향해 힘찬 울음소리를 터트렸다. 하지만 사랑받고 축복 받아야 할 아기는 차가운 바닥에서 엄마와 처음 눈을 맞췄다.

"불쌍한 우리 딸."

아빠의 얼굴은 어디에도 보이지 않았다. 엄마의 나이 열네 살. 아빠가 누구인지도 모르는 사생아였다.

어린 모녀는 먹을 것을 찾기 위해 뉴욕에서 로스앤젤레스로 이주했다. 하지만 그들을 반기는 곳은 어디에도 없었다. 가족도 친척도 없는 고달픈 삶의 연속이었다. 모녀는 콘테이너 박스나 노숙자 쉼터에 머물렀다.

"이곳은 위험해. 얼른 다른 곳으로 옮기자."

엄마는 노숙자들이 위협을 가하거나 치근거리면 자신의 어린 딸을 꼭 감싸 안고 이리저리 옮겨 다니며 노숙을 했다. 그 와중에도 엄마는 아이의 교육에 각별한 신경을 썼다.

"나는 중학교도 제대로 나오지 못했지만 우리 딸은 꼭 고등학교를 졸업하게 할 거야."

모녀는 포주와 매춘부, 마약상들이 우글거리는 거리의 쓰레기더미에서 고단한 삶을 이어갔다. 집이 없는 까닭에 학교도 자주 옮겨야 했다. 하지만 학교를 갈 때 딸은 노숙자가 아니었다.

"노숙자가 부끄러운 게 아니라 내 자신에게 부끄럽지 않아야 돼. 친구들의 놀림 따위는 상관 없어. 중요한 것은 오직 내 자신이야. 내 자신을 위해서라도 난 대학에 꼭 가야 해."

분명 어딘가에 길은 있다

소녀는 새벽 4시에 일어나 샤워를 한 뒤 냄새가 나지 않는 옷으로 갈아 입고 학교에 갔다. 학교에서 공부를 마치고 집에 돌아오면 11시가 되었다. 모자라는 잠은 버스 안에서 잤다.

"노숙자 주제에 무슨 학교람?"

"애야, 여기서 나와 같이 일하자. 넌 어리니깐 인기가 좋을 거야."

그런 소녀를 보고 거리의 포주들이 놀렸다.

"전 열심히 공부해서 꼭 대학에 갈 거예요."

"뭐? 대학? 하하하. 노숙자 주제에 대학 갈 생각을 하다니. 노숙자가 대학에 갔다는 이야기는 내 평생 처음 듣는 말이다. 대학은 꿈도 꾸지 말거라."

"전 누구보다 똑똑해요. 아저씨가 아무리 절 노숙자라고 놀려도 전 꼭 대학에 갈 거예요. 저는 가난이 결코 변명이 될 수 없다고 생각해요. 두고 보세요."

"그래 잘해보아라. 노숙자 소녀!"

"하하하."

소녀는 자신을 믿었다. 엄마가 옆에서 큰 힘이 되어주었다.

"넌 공부에 소질이 있어. 열심히 하거라. 넌 반드시 오프라 윈프리보다 훌륭한 사람이 될 거야."

소녀는 그런 엄마가 곁에 있어 든든하고 고마웠다. 소녀는 극한 상황속에서도 한 달에 4~5권의 책을 읽으며 공부에 매달렸다. 모르는 게 있으면 사전을 찾아보았고, 선생님에게 도움을 청했다. 영재반에도 들어 좀 더 깊이 있는 공부를 할 수 있었다. 하지만 소녀를 둘러싸고 있는 주변 환경이 좋지 않았다.

'이렇게 계속 가다가는 낙오되고 말거야. 집도 없고 가난해서 이 지역을 벗어날 수는 없지만 분명 어딘가에 길이 있을 거야. 그 길을 찾아보자.'

소녀는 고등학교 1학년 때 사회단체와 장학재단 등에 도움을 요청하는 편지를 띄웠다. 자신의 처지를 설명하고 공부하고 싶다는 의지를 전했다. 편지는 매일 보내졌다. 편지를 받은 여러 단체가 도움의 손길을 전했다.

어느 날 담임 교사가 소녀를 불러 말했다.

"넌 우수한 성적을 보여주고 있어. 하지만 대학에 가기 위해서는 교사의 추천서가 필요하단다. 그리고 돈도 있어야 해"

"제가 어떻게 해야 하나요?"

"우선 이곳을 한 번 찾아가 보렴."

소녀는 봉사단체의 상담자들에게 조언을 구하고 각 대학에서 여는 여름학기에 적극적으로 참가하기 시작했다. 컴퓨터를 어떻게 쓰는지도 배웠고, 장학금을 받기 위해서는 어떤 서류를 준비해야 되는지도 알 수 있었다. 그리고 가고 싶은 대학에 서류를 보냈다. 진심을 담은 노숙자 소녀의 편지는 각 대학의 입학사정관에게 전해졌다.

노숙자 소녀에게 하버드라는 집이 생기다

"오 마이 갓!"

기적이 일어났다.

브라운대학교를 비롯하여 컬럼비아, 암허스트, 윌리엄스, 하버대 등 20여 개 명문 대학에서 합격통지서를 보내왔다. 이제 소녀가 대학을 선택할 처지에 놓였다.

목표를 향한 열정에 감명 받은 하버드대 입학사정관은 소녀를 적극 추천하며 다음과 같이 적었다.

"이 학생을 뽑지 않으면 우리는 제2의 미셸 오바마를 잃는 것입니다. 하버드가 부디 이런 실수를 하지 않기를 바랍니다."

하지만 소녀의 얼굴은 밝지 않았다.

"하버드에 가고 싶어요. 대학에서도 열심히 공부해서 교육 분야 변호사가 되고 싶어요. 하지만 제겐 하버드에 갈 만한 돈이 없어요. 듣자 하니 하버드는 명문 중에 명문이라 학비가 상상할 수도 없을 만큼 비싸다고 하던데요."

입학사정관이 말했다.

"애야, 그건 걱정 말거라. 하버드는 너에게 4년 동안 전액장학금을 주기로 결정했단다. 너는 지금부터 네 꿈을 향해 계속 나아가면 된단다. 지금처럼 말이야."

"오 마이 갓!"

소녀는 감격의 눈물을 흘렸다.

다음날 〈LA타임스〉에는 큼직한 기사가 실렸다. 기사 제목은 '그녀에게 마침내 집이 생겼다. 하버드라는'She finally has a home : Harvard이었다. 소녀의 극적인 인생스토리는 미국인의 메마른 가슴에 커다란 감동을 안겨 주었다.

소녀의 이름은 카디자 윌리엄스Khadijah Williams이다.

카디자는 제퍼슨 고등학교 졸업식에서 다음과 같이 말했다.

"친구들은 처음엔 나를 노숙자라 놀렸지만 이젠 존중하기 시작했습니다. 전 한 번도 가난을 핑계대지 않았습니다. 가난이 결코 변명거리가 되지 못한다고 생각했습니다."

한때는 노숙자라는 이름으로 불리웠던 카디자 윌리엄스. 사람들은 더 이상 그녀를 노숙자라고 부르지 않는다. 그녀는 지금 하버드 장학생으로 불리우고 있다.

카디자 윌리엄스는 우선 목표를 세웠으며 끊임없이 자신의 꿈을 현실화시켰다. 결코 자신의 처지를 비관하지 않았고 어딘가에 길이 있을 거라고 생각하며 끊임없이 문을 두드렸다. 노숙자에서 하버드 장학생이 된 카디자는 '아직 내 과업은 끝나지 않았다'고 했다. 그녀는 지금 더 큰 꿈을 향해 잠시 하버드에 둥지를 틀었을 뿐이다.

남을 설득하기 위해서는 먼저 자신을 설득해야 한다. 자신 조차 설득할 수 없는 것을 남에게 설득하려고 강요하지 마라. 그건 역효과만 낳을 뿐이다. 꿈을 이루기 위해서는 설득의 방법과 기술을 익혀야 한다.

자신에 대한 확신이 없는 사람에게 사람들은
주의를 기울이지 않는다. 그들의 마음에는
남을 끌어들이기보다 거부하려는 부정적인 힘이
강하기 때문에 당신을 끌어당기지 못하는 것이다.
당신이 자기 자신을 믿지 못한다면
어떤 것도 이룰 수가 없다.

자신이 창조한 것은 자신이 팔아라

"현대 비즈니스 세계에서 자신이 창조한 것을 팔 수 없다면 창조적이고 독창적인 사상가가 된들 별 의미가 없다."

이 말의 주인공은 '광고계의 전설'로 통하는 데이비드 오길비^{David Ogilvy}이다. 데이비드 오길비는 편견을 넘어 자기 자신부터 광고하라고 했다. '팔리지 않는 것은 크레이티브가 아니며 광고는 예술이 아니다'라고도 했다. 오늘날 자기 PR은 하나의 중요한 덕목이 되었다. 하지만 단순히 자기 PR에서 그치지 않아야 한다. 열심히 PR을 했으면 판매가 이루어져야 한다. 즉 결과가 좋아야 한다. 결과가 좋지 않은 PR은 헛수고일뿐이다.

내가 팔지 못하면 남도 팔 수 없다

세계 최고의 출판사인 랜덤하우스의 통계자료에 따르면 1쇄를 찍고 2쇄에 들어가지 못하는 신간 비율이 78%라고 한다. 가령 100권의 책을 발간한다고 했을 때 22권만이 재쇄에 들어간다는 말이다. 그래서 '1쇄용 작가' 혹은 '1쇄용 책'이라는 우스갯소리도 나온다. 사정은 이웃나라 일본이나 한국도 마찬가지이다.

이건 출판뿐만 아니라 발명, 특허, 음반, 신기술, 공연 등 여러 분야에도 해당한다. 자신이 아무리 역사에 길이 남을 무엇인가를 만들었다고 해도 사람들에게 알리지 못하고 팔 수 없다면 무용지물이나 다름없다. 자기 자신도 팔 수 없는 것을 남이 팔 수 있다는 생각은 일찌감치 버리는 것이 정신 건강에 좋다.

'그들은 전문가니깐 내 작품을 잘 만들고 팔 수 있을 거야. 난 오로지 집필과 연구에만 몰두하면 돼.'

그건 오로지 당신 생각일 뿐이다. 더구나 당신이 그 분야의 신인이거나 초보자라면 확률은 더 떨어진다. 그들의 입장에서는 판매예측도 되지 않는 78% 중 하나에 전념하느니 예측 가능한 22%의 판매를 높이는데 더 주력할 것이기 때문이다. 입장을 바꿔놓고 생각하면 당신도 아마 그들과 같은 행동을 할 것이다.

당신이 그 회사의 대표나 CEO가 아닌 이상 당신의 아이디어를 주목할 확률은 적다. 게다가 돈이 적지 않게 들어가는 광고라니! 어림반푼어치도 없는 소리이다. 세상은 그렇게 호락호락하거나 만만치 않다. 특히 자본주의 사회에서는 아이디어만 있어서는 안된다. 요는 당신만의 판매기법과 마케팅 채널이 있어야 한다는 것이다.

경쟁력과 판매력을 갖춘 매력적인 사람이 되라

열정을 보여주는 것으로 그쳐서는 안 된다. 작품의 우수성과 독창성을 아무리 강조해도 잘 먹히지 않는다. 78%의 사람들은 저마다 자신의 작품이 최고라고 엄지손가락을 치켜세우기 때문이다.

방법은 한가지 뿐이다. 당신이 먼저 당신의 작품을 팔 수 있는 힘과 루트를 마련해야 한다. 좌절하지 않고 이 고비를 넘기면 당신은 수많은 콜을 받을 것이다. 어쩌면 당신은 거절 메일을 쓰기 위해 별도의 시간을 만들어야 할지도 모른다.

자기 PR이나 자기 브랜드화에서 그쳐서는 안된다. 판매와 영업력을 키워야 한다. 당신이 그 분야에서 인정받거나 안착하기 전까지는 경쟁력과 판매력이 있는 매력적인 상품이라는 것을 확인시켜 줄 필요가 있다.

이 고수를 훔쳐라! ② 소설가 서머셋 모옴

자신이 매력적인 상품이라는 것을 알려라

PR의 대가이자 자기 판매의 챔피언 중 한 사람이《달과 6펜스》로 유명한 서머셋 모옴Somerset Maugham이다. 그는 신인시절 한 권의 소설을 출판했다. 장기간의 취재와 각고의 노력 끝에 탄생한 신작 소설은 피와 눈물이 묻어 있는 작품이었다. 하지만 출판사에서는 그의 책을 광고조차 해주지 않았다.

"책이 나가는 것을 보고 차차 해도 늦지 않네."

"편집장님, 그렇지만 광고를 하지 않으면 제 책이 나왔다는 사실을 아무도 모를텐데요."

"수요와 예측이 있어야 광고도 할 수 있는 법이네. 신간이 나왔다고 모든 책을 광고한다면 출판사의 재정은 남아나지 않을 걸세. 더구나 자네 전작은 판매도 신통치 않았잖는가?"

서머셋 모음은 크게 실망하며 괴로워했다.

"젠장. 내가 공들인 노력이 헛수고가 되게 생겼구만."

그렇게 며칠을 끙끙 앓으며 보낸 서머셋 모음은 자리에서 벌떡 일어났다. 그리고 외쳤다.

"그래. 출판사에서 광고를 해주지 않으면 어때. 내가 직접 돈을 모아 광고를 하는 거야."

문제는 광고비였다. 결코 만만한 돈이 아니었다. 그는 지인들을 찾아다니며 이리저리 돈을 꾸기 시작했다. 하지만 그 돈으로는 큰 지면에 광고를 할 수 없었다. 서머셋 모음은 낙심하지 않고 신문을 뒤적이며 아이디어를 짜냈다.

"어떻게 하면 적은 돈을 들여서 효과적으로 내 책을 알릴 수 있을까?"

간절히 바라면 이루어진다고 했던가. 그때 그의 머릿속을 스쳐 지나가는 아이디어가 떠올랐다.

"그래, 바로 그거야!"

서머셋 모음은 사람과 직장을 구하는 구인구직란에 조그만한 박스 광고를 작성했다. 글자수가 제한된 일종의 스팟 광고였다. 광고의 헤드 카피는 〈억만장자가 신부감을 구합니다〉였다.

"비록 작은 크기이지만 사람들의 주목을 끌 수 있을 거야."

다음날 신문에는 다음과 같은 광고가 실렸다.

―저는 20대의 잘 생기고 매너 좋은 억만장자입니다. 스포츠와 음악을 좋아하고 성격도 온화하고 차분한 편입니다. 마음 착하고 훌륭한 여성을 찾습니다. 제가 바라는 여성은 최근에 나온 서머셋 모음의 소설 여주인공과 모든 점에서 닮은 분입니다. 자신이 이 여주인공과 닮았다고 생각하시는 여성분이 있으면 지체하지 마시고 즉시 연락해 주십시오.

광고가 실린 지 얼마 되지 않아 출판사에서 전화가 걸려왔다.

"작가님의 신작이 어제 품절되었어요. 출간된 지 한 달도 채 되지 않았는데 말이죠. 지금 서점에서 주문이 폭주하고 있습니다. 여기저기서 책을 달라고 난리입니다."

서머셋 모음은 속으로 쾌재를 불렀다.

'됐어. 내가 해낸 거야. 하하하.'

담당 에디터의 말이 이어졌다.

"근데 이상한 게 한 가지 있습니다. 자꾸 이 소설의 여주인공이 어떤 캐릭터냐고 물어보는데 그 이유를 모르겠어요."

서머셋 모음은 흐뭇한 미소를 지었다. 그후 책은 날개 돋힌 듯 팔렸고 서머셋 모음은 점점 유명한 작가가 되었다. 그리고 그의 책은 출간될 때마다 광고는 물론이거니와 대문짝만 한 보도 기사가 실렸다. 그의 이야기를 기다리는 열성 독자도 많이 생겼다.

만약 서머셋 모음이 책이 팔리지 않는다는 생각에 자책만 하고 있었다면 오늘날과 같은 명성을 얻지 못했을 것이다. 그는 소설로서 자신의 세계를 창조했고, 그것을 팔았다. 길이 없다고 주저앉거나 다른 길로 돌아서 간 게 아니라 스스로 길을 만들면서 간 것이다.

최근 재미있는 뉴스가 보도되었다. 영화 〈007 시리즈〉로 유명한 영국 해외정보국MI6의 실체가 드러났는데 서머셋 모음이 정보요원으로 활동한 사실이 밝혀진 것이다. 애초 《어센덴》Ashenden 등 스파이 소설을 많이 발표해 그런 소문이 나돌았지만 사실로 확인된 것은 이번이 처음이다.

서머셋 모음은 또한 이 책의 제목이자 슬로건이기도 한 '훔치기의 대가'였다. 그는 후세에 이런 명언을 남겼다.

"내가 책을 읽을 때 눈으로만 읽는 것 같지만 가끔씩 나에게 의미가 있는 대목, 어쩌다 한 구절만이라도 우연히 발견하면 책은 나의 일부가 된다."

사람들은 그대에게 비판을 요구한다. 그러나 그들은 사실상 칭찬을 바라고 있을 뿐이다. 서머셋 모음의 이 말을 가슴에 새겨두면 친구와 의절하는 최악의 경우는 생기지 않을 것이다.

형제의 배가 항구에 도착하도록 도와주라.
그리고 살펴보라. 그러면 당신의 배도 무사히
항구에 도착해 있다는 사실을 알게 될 것이다.

배려는 당신의 적도
춤추게 한다

인도의 어느 역. 사람으로 가득 찬 기차가 떠나려고 하자 한 청년이 헐레벌떡 뛰어왔다.

"잠시만요. 여기 사람이 있어요!"

청년이 간신히 기차에 올랐을 때 새로 산 듯한 깨끗한 신발 한쪽이 벗겨져 기차 밖으로 떨어져 나갔다. 사람들은 안쓰럽다는 듯이 청년을 바라보았다.

"새신발 같아 보이는데 안됐구만."

가난한 인도에서 신발은 비싸고 귀한 물품이었다. 청년은 한쪽 발에 남은 신발을 쳐다보곤 남은 신발을 벗어 기차 밖으로 던졌다.

"아니, 왜 신발을 던져 버리는 거요?"

청년이 말했다.

"신발이 한 쪽만 있으면 쓸모가 없잖아요. 어차피 한쪽밖에 없는 신발을 못 신을 바에는 누군가가 그걸 줍게 하는 게 나을 것 같습니다. 그 사람은 신발 두 쪽을 신을 수 있을 테니깐요."

사람들은 청년의 말에 고개를 끄덕이며 감탄했다. 민족운동 지도자이자 무폭력 저항으로 인도를 건국한 간디의 일화이다. 배려配慮를 이야기할 때 빠지지 않고 꼭 등장하는 이 일화는 남을 도와주거나 보살펴주려는 간디의 성품이 그대로 드러나 있다. '위대한 정신'이라는 뜻을 가진 마하트마 mahatma의 신화는 그냥 만들어진 것이 아니다.

배려는 상대방의 마음을 움직이게 하는 마력이 있다

미국의 저명한 의사인 하워드 캘리 Howard Kelly의 일화도 유명하다. 그는 가난한 대학 시절 학비를 벌기 위해 여름방학 내내 책을 팔러 다녔다. 어느 날 한 농가에 들렀다. 문을 두드리자 한 소녀가 얼굴을 내밀었다.

"죄송하지만 물 한 잔만 마실 수 있을까요? 목이 너무 말라서요."

소녀는 고학생이 배가 고프다는 사실을 눈치챘다.

"잠시만요."

소녀는 큰 컵에 우유 한잔을 가지고 와서 고학생에게 주었다. 고학생은 단숨에 우유를 마셨다.

"저, 우윳값을 내고 싶은데요…."

"됐습니다. 우유 한 잔 뿐인데요. 날도 더운데 건강 조심하세요."

그로부터 여러 해가 흘렀다. 캘리는 의과대학을 졸업하고 존스 홉킨스 병원의 외과 과장이 되었다. 하루는 위급한 환자가 병원에 입원했다. 당장 수술이 필요한 환자였다. 노련한 캘리 박사는 환자를 완쾌시키기 위해 열심히 수술에 임했다. 수술 후 환자는 빠르게 회복되었다.

퇴원할 날이 다가오자 환자는 병원비가 걱정이 되었다.

"간호사님, 제 청구서 좀 갖다 주시겠어요?"

간호사가 청구서를 가져왔다. 그녀는 무거운 마음으로 청구서를 읽다 긴 한숨을 쉬었다. 예상대로 큰 액수였다. 하지만 조금 더 읽어보니 청구서 제일 하단에 다음과 같은 메모가 적혀 있었다.

― 당신의 치료비는 한 잔의 우유로 모두 지불되었습니다.

그 밑에는 캘리 박사의 사인이 있었다.

이처럼 배려는 상대방의 마음을 움직이게 하는 마력이 있다. 진정한 배려란 남을 위하는 마음이고 남을 먼저 생각하는 마음이다. 또한 다른 사람의 말에 귀를 기울이고 다른 사람이 불편하지 않도록 자상하게 마음을 쓰는 것이다. 나와 다른 의견을 가지고 있다 해서 무시하지 않고 인정해 주는 것도 배려이다.

배려는 결국 자기 자신을 위한 것이다

요즘 유행하는 TV광고에는 한 남자가 아내에게 매니큐어를 칠해달라고 부탁하는 장면이 나온다. 그의 직업은 프로야구 선수. 포지션은 포수이다. 투수가 사인을 잘 볼 수 있도록 포수는 여자들이 칠하는 매니큐어를 손톱에 칠한다. 배려심이 이 광고의 컨셉이다. 그 배려심 때문에 투수와 포수의 거리 18.4m는 전혀 멀지 않다.

이렇듯 배려의 출발은 이타심利他心이다. 이타심은 자기 중심적인 것이 아닌 다른 사람의 생각과 행동을 이해해 주는 것으로 이기심利己心과는 반대의 개념이다.

독일 출신의 학술 저널리스트인 슈테판 클라인은 자신의 저서 《이타주의가 지배한다》에서 다음과 같이 적었다.

"이기주의자가 단기적으로 볼 때는 훨씬 잘 살 것 같지만 장기적으로 보면 타인의 행복을 위해 노력하는 이타주의자가 훨씬 앞선다. 21세기처럼 긴밀하게 연결된 사회에서는 타인의 성공이 나에게 도움이 되고 타인의 불행이 나에게도 재앙이 된다. 결국 미래 사회는 이타주의자가 지배하게 될 것이다."

인간은 본래 이기적이라는 학설에 반대하는 이론들이 최근 많이 발표되고 있다. 인간은 가정과 사회학습을 통해 이타적으로 발전해간다는 것이 학자들의 주장이다.

어리석은 사람은 자기 이익에만 매달리고 지혜로운 사람은 남의 이익에 헌신한다는 말이 있다. 배려란 결국 자신을 위한 것이다. 위에서 언급한 광고처럼 투수를 위한 포수의 마음이 될 때만이 서로가 윈윈할 수 있는 것이다.

배려는 또한 역지사지 정신이 있어야 한다. '만약 내가 저 사람이면 어떨까?'하고 상대방의 입장에 서서 생각할 수 있어야 한다. 미국 대통령 오바마의 자서전 《담대한 희망》을 보면 역지사지에 대한 흥미로운 이야기가 나와 있다. 오바마 대통령의 어머니는 어린 오바마가 말썽을 피우면 아들의 눈을 쳐다보며 "다른 사람이 네게 그렇게 하면 기분이 어떨 것 같니?"라고 물었다. 어머니가 노력한 결과 버락 오바마는 지금 역지사지를 통한 공감이 뛰어난 대통령으로 정평이 나 있다.

"모든 사람에게 예절바르고 친절한 사람은 아무게에도 적이 되지 않는다."

미국의 정치가 벤자민 프랭클린의 이 말을 기억하라. 내가 남을 위하고 사랑하는 만큼 남도 나를 위하고 사랑할 것이다.

이 고수를 훔쳐라! ③ 개그맨 유재석

나를 빛내기보다는 상대방을 빛나게 한다

"제게 한번만 기회를 주세요. 정말 단 한번만 개그맨으로 일어설 기회를 주신다면 나중에 소원이 이루어졌을 때 지금 마음과 달라지지 않겠습니다. 만약 제가 성공을 했는데 초심을 잃고 이 모든 것을 나 혼자 얻은 것이라고 생각한다면 큰 아픔을 주셔도 '왜 이렇게 가혹하게 하시나요'라고 말하지 않겠습니다."

이 간절한 기도문의 주인공은 개그맨이자 국민 MC인 유재석이다. 그는 1991년 대학개그제에서 장려상을 수상하며 개그맨으로 데뷔했다. 당시 자료 화면을 보면 그의 이름이 호명되는 순간 유재석의 표정은 불만에 가득차 있다. 더욱 놀라운 것은 귀를 파며 시큰둥하게 걸어

나오는 건방진 모습이 그대로 담겨있다는 점이다.

"에잇, 겨우 장려상⋯."

그의 표정은 마치 그렇게 말하는 것 같다. 화려하게 데뷔를 해서 대한민국 개그계를 휘어잡을 줄 알았던 그에게 장려상은 성에 차지 않았다. 이런 오만심 때문이었을까? 김국진, 남희석, 박수홍 등이 동기였지만 유재석은 오랫동안 무명생활을 보냈다. 이런 오만방자한 신인을 방송국에서 불러주지 않았고 잘 나가는 동기생들이 보기 싫어 TV도 보지 않았다. 혹독한 자기반성의 시간이 이어졌다.

드디어 재기의 기회가 왔다. 유재석은 이 기회를 놓치지 않아야겠다고 다짐했다. 하찮은 배역이라도 최선을 다했다. 그런 그의 노력에 사람들도 마음을 열었다. 메뚜기 탈을 쓰고 등장해 요상한 춤을 추며 재기에 성공한 그에게는 '메뚜기'라는 별명이 붙었다. 그래서일까? 어느 한 여름 〈무한도전〉 촬영장에서 인형탈을 쓰고 있는 보조출연자가 그의 눈에 띄었을 때 유재석은 스태프들에게 다가가 말했다.

"저분들 더워서 쓰러지세요. 녹화 쉬는 중간중간에 탈 벗고 있게 해주세요. 저거 써 봤어요? 쓰고 있으면 사람 쓰러져요. 제발 쉬게 해주세요."

혼자만 잘 먹고 잘 살지 않겠다

천신만고의 노력 끝에 1991년 장려상에 이어 2003년에 상을 받았다. 무려 12년만에 받는 상이었다. 그때부터 유재석에게는 탄탄대로가 이어졌다. 그리고 마침내 2008년 SBS 연예대상을 수상했다. 수상소감에서 한 말은 유재석이 얼마나 진실한 반성과 자기 성찰의 시간을 보냈는지 잘 말해준다.

"신인시절을 많이 반성했습니다. 최선을 다하지 않으면서도 최고가 되고 싶어 했고 늘 주변상황을 탓했던 것을 반성했습니다."

그리고 울먹이며 마지막 말을 했다.

"늘 혼자 빛나지 않겠습니다. 혼자만 잘 먹고 잘 살지 않겠습니다."

유재석은 안티가 없기로도 유명하다. 오죽하면 유재석 안티카페에 가입한 회원 중의 99%가 안티들의 의견에 반박하기 위해 가입한 안티의 안티일까? 이 정도면 유재석에 대한 네티즌의 신뢰가 어느 정도인지 짐작이 가리라. 안티가 없는 사람은 유재석과 박지성 뿐이라는 말이 있을 정도이다.

그렇다면 유재석이 많은 이에게 두루 사랑을 받는 이유는 무엇일까? 그것은 앞서 말한 것처럼 오만과 방자, 자신이 최고라는 건방진 생각에서 혹독한 자기 반성과 자기 성찰의 시간을 보냈기 때문이다. 7년의 무명시절을 보내는 동안 그는 돈으로 환산할 수 없는 혹독한 인생수업을 받은 것이다.

유재석은 10년 아래 후배들에게도 깍듯이 존댓말을 한다. 그리고 성실하고 배려심 많기로 유명하다. 게스트가 나오면 자신을 낮춰 상대방을 빛나게 한다. 모두 그의 배려심에서 나온 자연스런 행동들이다. 이런 존재감이 그와 동료들, 프로그램을 빛나게 하고 많은 장수 프로그램을 진행할 수 있는 원동력이다.

가수 박화요비가 신인 때 있었던 일이다. 그녀는 매니저와 함께 방송관계자들에게 홍보를 하기 위해 자신의 CD를 돌리며 인사를 다녔다. 마침 방송국 복도에서 유재석과 방송 스태프들을 만났다.

"안녕하세요, 신인가수 박화요비입니다. 이번에 제가 〈My All〉이라는 데뷔 앨범을 냈습니다. 들어보시고 좋으시면 홍보 많이 부탁드릴게요. 열심히 만들었습니다."

옆에 있던 작가가 CD를 받아들었다.

"감사해요. 잘 들을게요."

그러자 유재석이 스태프들에게 돈 만 원씩을 달라고 손을 내밀었다. 어리둥절하던 스태프들은 주섬주섬 돈을 꺼내 그의 손에 얹었다. 유재석은 지갑을 열고 10만 원짜리 수표를 그 위에 얹었다. 그리고 박화요비에게 건네며 말했다.

"한 가수의 노력과 정성이 담긴 CD를 공짜로 듣는 건 말도 안됩니다. 그러는 건 아니에요."

유재석은 신인과 무명의 마음을 누구보다 잘 알고 있었다.

타인에 대한 배려가 사람의 마음을 움직인다

후배 개그맨 정형돈이 한때 방황하고 좌절할 때 "상처가 없는 사람이 어떻게 다른 사람들을 즐겁게 할 수 있냐? 상처가 있기 때문에 남의 고통을 볼 수 있고 그 고통을 볼 수 있기 때문에 타인의 마음을 움직일 수 있는 거야"라고 말해 뭉클한 감동을 준 적도 있었다.

이뿐만 아니라 그의 착한 심성과 배려심은 여러 연예인의 증언에서 확인할 수 있다. 방송용이 아니라 몸에 밴 배려 습관때문이다. 그가 진행하는 프로그램을 보면 유재석의 배려심이 곳곳에서 느껴진다. 그는 웃음과 편안함 그리고 배려와 유머 사이에서 줄다리기를 하는 진정한 광대 같아 보인다.

유재석의 이러한 진행방식과 배려심은 박사 논문의 소재로도 사용되었다. 개그맨 이윤석은 〈텔레비전 토크쇼 프로그램의 준사회적 상호작용이 시청효과에 미치는 영향〉이라는 박사논문에서 개그맨 유재석과 아나운서 정은아를 모델로 시청자와 방송진행자 사이에 형성되는 심리적인 관계를 서술하기도 했다.

유재석을 보면서 눈물을 펑펑 흘렸던 적이 있다. 그는 2011년 '무한도전 서해안 고속도로 가요제'에서 자신의 이야기를 담은 〈말하는 대로〉라는 노래를 불렀다. 그건 마치 자기 고백이자 고해성사 같은 노랫말이었다.

나 스무살 적에 하루를 견디고 불안한 잠자리에 누울 때면
내일 뭐하지, 내일 뭐하지, 걱정을 했지.
두 눈을 감아도 통 잠은 안 오고 가슴은 아프도록 답답할 때
난 왜 안 되지, 왜 난 안되지, 되뇌었지.
말하는 대로, 말하는 대로
될 수 있다곤 믿지 않았지, 믿을 수 없었지.
마음먹은 대로 생각한 대로
할 수 있단 건 거짓말 같았지. 고개를 저었지.
그러던 어느 날 내 맘에 찾아온, 작지만 놀라운 깨달음

내일 뭘 할지, 내일 뭘 할지, 꿈꾸게 했지.

오랜 무명시절을 거쳐 겸손과 배려의 아이콘으로 돌아온 유재석. 그를 지켜보는 것은 즐겁고 기쁜 일이다. 남의 약점을 가지고 웃음을 유발하는 게 아니라 자신을 최대한 낮춤으로써 상대방을 돋보이게 하는 진행방식은 결국 자신이 높아짐을 아는 현명한 사람, 그가 바로 유재석이다.

유재석의 이름 뒤에는 배려와 더불어 성실성이 따라붙는다. 성실은 어디에서나 통용되는 유일한 화폐임을 잊지 마라. 성실한 사람일수록 자기애가 강하고 삶의 목표가 뚜렷한 경우가 많다.

용모와 복장이 잘 갖추어진 사람은
그 사람의 내면을 보려고 하지만 용모와
복장이 잘 갖추어 지지 않은 사람은
자꾸만 그 사람의 외모만 보려고 한다.

자신만의 고유한
이미지를 팔아라

　21세기는 이미지메이킹의 시대이다. 다른 사람에게 보여지는 자신만의 이미지를 만들어내고 가꿔나가야 좋은 인상을 심어줄 수 있다. 아울러 좋은 관계를 유지할 수 있다. 좋은 인상, 괜찮은 이미지를 남기지 못하면 여러분의 분야에서 도태되기 십상이다. 그만큼 이미지는 현대사회에서 빼놓을 수 없는 성공요소이다.

　이미지의 어원은 라틴어의 이마고^{imago}에서 왔다. 원래의 뜻은 '마음의 모양'이다. 이미지는 겉으로 드러나는 모습이 아닌 마음의 모양을 통해 형성된다는 뜻이다. 요즘은 외모지상주의를 뜻하는 루키즘^{Lookism} 시대라고 할 정도로 지나치게 외형에 의존하는 면도 없지 않지만, 좋은 이미지는 제품, 사람 나아가 기업과 국가의 운명까지 좌우한다. 그야말로 '이미지 파워'의 시대인 것이다.

외모는 타고나는 것이지만 이미지는 만드는 것이다

외모는 타고나는 것이지만 이미지는 전략적으로 만들어 가는 것이다. 힐러리는 집안이 부유하고 본인이 변호사였기 때문에 늘 자신감이 넘쳐 있었다. 결혼 후 남편이 주지사 선거에서 자꾸 낙선하는 것은 자신이 주지사 부인의 이미지를 갖추지 않아서라고 생각했다. 그래서 머리를 세련되게 커트하고 안경을 벗고 콘택트렌즈로 바꾸는 등 다양한 이미지 변신을 시도했다. 남자들이 금발을 좋아하는 것을 알고는 수십 년째 금발을 유지하고 있다.

힐러리는 평소 원색의 슈트를 즐긴다. 하지만 공식석상에서는 유독 블루 계열을 고집한다. 힐러리가 입는 블루 슈트는 그녀의 주된 지지층인 블루 컬러를 대변하는 메시지이기도 하다.

링컨은 2미터에 가까운 큰 키에 볼품 없고 빈약한 얼굴을 가지고 있었다. 하지만 어린 소녀로부터 역사적인 편지 한 장을 받고 이미지를 바꾼 것은 유명한 일화가 되어버렸다. 그 소녀는 링컨에게 구레나룻을 기르면 여성 유권자들이 더 좋아할 것이며 그들의 남편에게까지 링컨을 찍으라고 졸라댈 것이라고 조언했다. 소녀는 링컨의 마른 체형과 얼굴형이 그리 좋은 이미지를 전달하지 않고 있다는 사실을 간파하고 있었던 것이다. 링컨은 턱수염을 기름으로써 포근하고 권위적인 모습을 갖추게 되었다. 국내에도 눈썹을 문신한 의원이 있었고, 턱을 깎은 전(前) 영부인도 있었다.

이런 외형적인 모습뿐만 아니라 말과 행동도 그 사람의 이미지를 결정짓는다. 미국과 유럽에서는 정치인들의 이미지메이킹을 '영구적인 캠페인'이라고 한다. 선거가 끝나고 당락이 결정된 다음에는 물론, 심지어 야인이 되더라도 선거기간 동안 보여주고자 했던 좋은 이미지를 말과 행동으로 보여주고 실천하기 위해 평생 노력해야 한다는 의미이다.

정치인뿐만 아니라 연예인도 이미지를 먹고 사는 사람들이다. 맥심커피는 30여 년 동안 안성기라는 배우를 통해 꾸준한 판매고를 이어왔으며 '안성탕면'은 안성댁 강부자의 힘을 등에 업고 수십 년째 판매되고 있다. 얼마 전 국민 MC 송해의 CF 때문에 노인들의 기업은행 가입률과 이용률이 높아졌다는 뉴스는 연예인들의 이미지가 얼마나 중요한지를 잘 말해준다.

정치인이나 연예인뿐만 아니라 직장인도 마찬가지이다. '된장녀' '개똥녀' 사건에서도 볼 수 있듯이 현대 사회는 모든 것이 오픈되어 있다. 우리는 더 이상 타인의 시선에서 자유로울 수 없는 시대에 살고 있는 것이다. 외모뿐만 아니라 말과 행동 등은 우리의 이미지를 정형화시킨다. 무엇보다 한 번 굳어진 이미지는 쉽사리 바꿀 수도 없다.

제품보다 이미지를 팔아라

신생아를 둔 부모라면 누구나 사용하고 있는 1회용 기저귀. 세계 최대의 생활용품 회사인 P&G가 1회용 기저귀를 처음 내놓았을 때의 일이다.

— 주부가 편하다.

위의 카피로 대대적인 광고를 했지만 시장에서의 반응은 차가웠다. 제품 개발자와 마케팅 부서 담당자들은 당황했다.

'수년 간의 시장조사를 거쳐 수요를 확인했는데 왜일까?'

마케팅 팀원들은 대대적인 광고 조사에 들어갔다. 그리고 놀라운 사실을 알아냈다.

"나 하나 편하자고 아이에게 그 비싼 1회용 기저귀를 쓰게 할 수는 없지요."

엄마들의 한결같은 반응이었다. 광고팀은 즉시 카피를 바꿨다.

— 아이가 편하다.

그날부터 1회용 기저귀는 불티나게 팔렸다. 없어서 못 팔 지경이었다. 이 작은 변화는 단순히 카피의 문제가 아니다. 기저귀를 사용하는 것은 신생아이지만 그것을 구매하는 것은 엄마들이다. 엄마들은 처음 카피를 접하고 자신의 평소 이미지를 생각했다. 기저귀를 빨고 널고 재사용하는 모습. 하지만 '아이가 편하다'라는 카피를 통해 언제나 새로운 기저귀를 차고 생글생글 웃는 아이의 모습을 상상하게 되었다.

"아이가 편하다면야 이 정도의 투자 가치는 있다."

구매자가 아닌 사용자에게 초점을 맞추는 이미지 전략으로 오늘날 P&G는 대단한 성공을 거둘 수 있었다. 그리고 아기용품 전문 기업으로 우뚝 섰다.

패션이나 디자인 위주의 상품일 경우도 이런 이미지 전략이 요긴하게 쓰인다. 그 제품의 특징이 중요한 것이 아니라 그걸 사용하면 내가 어떻게 바뀌는가, 나에게 어떤 이미지를 줄 것인가가 더욱 중요하게 여겨지는 것이다.

자신만의 고유한 이미지를 만들어라.
당신은 세상에서 유일무이한 존재이다.

🎥 이 고수를 훔쳐라! ④ 영화배우 마릴린 먼로

우리 모두는 스타이고 빛날 가치가 있다

"요 녀석, 울음소리 한번 우렁차네."

1926년 6월 1일 로스앤젤레스 종합병원에서 한 여자 아이가 태어났다. 하지만 기쁨도 잠시, 태어난 지 2주 만에 자신을 낳아준 엄마 곁을 떠나야 했다. 엄마의 생활고와 정신장애가 원인이었다. 아빠 없이 혼자서 애를 낳은 엄마는 아기에게 노마 진 베이커Norma Jean Baker라는 이름을 지어줬다.

"우리 노마 진 잘 부탁드립니다."

"걱정하지 마세요. 우리가 잘 키울게요."

"얼른 병을 치료해서 꼭 찾으러 갈게요."

엄마는 노마 진의 손을 꼭 쥐었다.

"엄마가 꼭 찾으러 갈게. 그때까지만 잘 자라다오."

독실한 기독교 신자였던 양부모는 노마 진을 정성껏 키웠다. 노마 진은 교회 다니는 것밖에 모르는 착하고 귀여운 소녀로 무럭무럭 자랐다.

노마 진이 일곱 살이 되던 어느 가을날이었다. 양엄마가 노크도 없이 노마 진의 방에 들어와 소리쳤다.

"더는 너와 살 수 없구나. 얼른 네 엄마 곁으로 돌아가거라."

"가엾은 티피가 제 앞에서 죽었단 말이에요!"

침대에서 울고 있던 노마 진도 지지 않고 소리쳤다.

"하나님은 원수를 사랑하라고 하셨다. 그리고 어떻게 일곱 살밖에 되지 않은 어린아이가 이렇게 끔찍한 짓을…."

양엄마는 차마 말을 잇지 못하며 흐느꼈다. 몇 시간 전 노마 진의 애완견이 이웃집 개한테 물려죽는 끔찍한 사고가 발단이었다. 노마 진은 큰 슬픔과 충격을 받았다. 고아나 다름없던 노마 진에게 애완견은 유일한 친구이자 마음을 나눌 수 있는 가족 같은 존재였다. 결국 노마 진은 이웃집 개한테 똑같은 형벌을 가했다. 하지만 양부모는 노마 진의 잔혹한 폭력성이 두려웠다.

노마 진은 어쩔 수 없이 양부모의 집을 떠나 엄마 곁으로 갔다.

영화라는 세계에 발을 들여놓다

"애야, 이게 영화라는 거야. 신기하지 않니? 이렇게 필름들이 모여서 사람들과 차들이 움직이는 거란다."
"엄마는 영화배우들도 많이 봤어요?"
"그럼, 모든 배우들이 엄마의 손을 거쳐 간단다. 엄만 배우들의 특징과 버릇들도 잘 알고 있어."
"와, 우리 엄마 최고다!"
노마 진은 필름 편집자였던 엄마를 통해 영화를 알게 되었다.
'저런 세상에 살면 얼마나 좋을까?'
엄마는 시간이 날 때마다 영화 필름을 보여주며 신나고 재미있는 이야기를 많이 들려주었다. 하지만 행복한 동거는 짧았다. 엄마는 여전히 정신장애를 앓고 있어 병원을 전전했다. 어린 노마 진을 보호할 형편이 아니었다. 노마 진은 다시 엄마 집을 떠나 고아원을 전전해야 했다. 그 와중에 두 번의 성추행을 당했고 세상이 얼마나 무서운지도 알았다.
"얼른 이 무서운 세상에서 벗어나고 싶어."
노마 진은 1942년 열여섯 살에 록히드 비행기 공장에 다니던 청년과 결혼했다. 그녀에게도 드디어 가족이 생긴 것이다. 하지만 어린 나이에 시작한 결혼생활은 평탄하지 않았다. 결국 남편이 해병대로 입대하는 바람에 이 짧은 행복도 그녀의 인생에서 사라졌다.
"그래도 가족이 있어서 좋았어."
전쟁이 한창이던 때 노마 진은 공장에서 일을 했다. 그때 자신의 인생을 180도로 바꾸어 놓는 만남을 갖는다. 사진 촬영을 위해 공장을 찾은 한 공군의 눈에 띄어 사진 모델로 발탁된 것이다. 공군 사진기자는 수수하고 사람의 마음을 끄는 노마 진의 모습에 반했다. 무엇보다 그녀에게는 왠지 모를 슬픔이 묻어나 있었다.

1945년 노마 진은 자신의 갈색머리를 금발로 바꿨다.

그리고 본명인 '노마 진'이라는 이름을 버리고 '마릴린 먼로'라는 이름을 갖게 되었다.

섹스 심볼이라는 이미지를 구축하다

'섹시 심볼' 혹은 '섹시의 아이콘'으로 불리우고 팝 아트의 선구자 앤디 워홀의 실크스크린 작품에 특유의 고혹적인 미소로 등장한 인물, 존 F. 케네디, 로버트 케네디, 아인슈타인, 카스트로, 수카르노, 프랭크 시네트라, 이브 몽탕, 엘리아 카잔 등과 염문을 뿌린 인물, 미국의 야구 영웅 조 디마지오와 《세일즈맨의 죽음》의 희곡작가 아서 밀러의 부인이었던 마릴린 먼로의 신화는 그렇게 탄생했다.

1962년 서른 여섯이라는 젊은 나이로 세상을 떠나고 오랜 세월이 흘렀음에도 불구하고 아직도 마릴린 먼로는 수많은 여자 연예인의 롤 모델이다. 마돈나, 린제이 로한, 스칼렛 요한슨, 이효리, 신민아 등이 먼로의 이미지를 차용했거나 패러디했다.

특히 할리우드의 악동 영화배우 린제이 로한의 손목에는 마릴린 먼로의 명언 "우리는 모두 스타이고, 빛날 가치가 있다"가 새겨져 있을 정도이다.

1950년 미국을 휩쓴 성개방 열풍을 업고 먼로는 대중 앞에 모습을 드러냈다. 대중들은 열광했고 그녀는 섹스 심벌이라는 자신의 이미지를 구축했다. 금발 머리에 빨간 립스틱, 입술 위에 도드라진 점은 마릴린 먼로의 트레이드 마크가 되었다. '먼로 워크'Monroe Walk라는 신조어가 탄생한 것도 이때였다.

이 용어는 1953년에 출연한 영화 〈나이아가라〉에서 유래했다.

'역시 먼로는 섹시하군.'

'보호본능을 일으키게 하는 묘한 여자야.'

'먼로와 하룻밤 잘 수 있다면 평생 소원이 없겠어.'

이 영화에서 마릴린 먼로는 엉덩이를 흔들며 걷는 독특한 걸음걸이를 선보였다. 섹시미가 넘치는 그녀 특유의 이 걸음걸이는 그녀가 직접 한쪽 신발의 끝을 잘라 만든 이미지이다. 이뿐 아니라 허리를 졸라매고 풍만한 가슴을 강조하는 글래머룩을 지칭하는 '먼로 룩'Monroe Look도 그녀가 만들어낸 이미지이다.

마릴린 먼로를 이야기할 때 빠지지 않고 등장하는 키워드가 섹시미와 백치미이다. 하지만 이 이미지 또한 그녀의 이미지메이킹을 통해 탄생한 것이다.

마릴린 먼로의 젊은 시절 사진을 보면 섹시함보다는 청순한 모습이 더 많이 느껴진다. 먼로는 자신의 이미지를 구축하기 위해 붉은 립스틱으로 입술을 두 배쯤 부풀렸고 좀 더 퇴폐적으로 보이기 위해 볼에 점을 찍었다. 이런 이미지메이킹에 대한 그녀의 애착과 프로정신을 잘 알려주는 몇 가지 일화가 있다.

어느 날 영화배우로 명성을 떨치고 있는 마릴린 먼로를 향해 한 짓궂은 기자가 질문을 던졌다.

"먼로, 당신은 잘 때 무엇을 걸치고 자나요?"

먼로는 마치 기다렸다는 듯이 특유의 눈웃음을 지으며 말했다.

"전 샤넬 No.5만 걸치고 자요."

"하하하."

당시 먼로는 샤넬의 모델이었다. 이 한 마디로 샤넬의 명성은 전세계로 널리 퍼졌으며 생산된 지 80년이 넘은 지금도 전세계에서 30초당 한 개꼴로 팔리는 롱셀러가 되었다.

또 이런 일화도 있다. 한창 대중들에게 이름을 알려나가던 1952년의 일이다. 이 무렵에 먼로는 곤경에 처하게 된다. 무명시절에 촬영했던 누드 사진들이 공개되어 불티나게 팔리기 시작했던 것이다. 요즘이야 여배우들의 누드 사진이 인터넷과 모바일을 통해 높은 수익률을 올리는 황금알이 되었지만 당시에는 치명적인 스캔들이었다. 은막의 스타라고 칭해지는 영화배우라는 직업을 그만두어야 하는 처지였다. 하지만 마릴린 먼로는 이 사건을 또 한 번의 터닝포인트로 삼는다.

"당시 나는 많이 힘들고 어려웠다. 무엇보다 전당포에 맡긴 차를 되찾기 위해 50달러가 필요했다."

"하하하."

사람들은 환호했다. 당시 잡지 창간을 준비하고 있던 젊은 사업가 휴 헤프너는 이 누드사진 사건에 주목했다. 그는 잡지 이름을 《총각파티》Stag Party라고 짓고 런칭을 서두르고 있었다. 휴 헤프너는 마릴린 먼로를 찾아갔다.

"우리 잡지의 표지 모델이 되어 주세요. 모델료로 500달러를 드리지요."

당시로는 큰 액수였다. 휴 헤프너는 아버지에게 빌린 600달러 중에 먼로의 모델료로 500달러를 지불하고 나머지 100달러로 창간호를 찍었다. 커다란 모험이었다.

그러나 곧 사건이 터졌다. 발행인인 헤프너도 자신이 없어 발행 월수를 표시하지 않고 이름을 바꿔 찍은 《플레이보이》가 수많은 남성독자들에게 대대적인 환영을 받은 것이다. 창간호는 출간과 함께 금세 동이 났다.

마릴린 먼로는 이 잡지의 1호 표지 모델이 되었고, 휴 헤프너는 2008년 기준으로 3억 달러에 달하는 매출을 올리고 있다. 2010년에는 60세 연하와 약혼식을 올려 화제가 되기도 했다. 《플레이보이》의 토끼머리 로고는 마릴린 먼론의 이미지를 등에 업고 세계에서 가장 잘 알려진 상표 중 하나가 되었음은 물론이다.

〈7년만의 외출〉에서 보여준 지하철 통풍구 위에서 치마를 날리는 모습이나 〈신사는 금발을 좋아해〉에서 "다이아몬드는 여자의 가장 좋은 친구"라며 핑크색 드레스를 입고 노래하는 모습은 마릴린 먼론의 섹시 이미지를 더욱 견고하게 만들었다.

브랜드는 인생의 가장 중요한 요소 중 하나이다

이렇듯 그녀는 자신의 광고주와 팬들에게 맞춤형 이미지 마케팅을 해나간 것이다. 샤넬이 곧 그녀였고, 《플레이보이》가 곧 마릴린 먼로였다. 이런 철저한 프로정신의 기저에는 스스로 자신의 이미지를 만들

줄 아는 영특함과 영민함이 있다. 그리고 부단한 노력과 마릴린 먼로의 철학이 있었다.

마릴린 먼로는 사랑받는 스타가 되어서도 연기 공부를 게을리하지 않았다. 한창 영화를 찍고 있던 중에 액터스 스튜디오에 들어가 수업을 받았다. 이곳은 극중 인물에의 동일시를 통한 극사실주의적 연기 스타일을 지칭하는 용어인 메소드 연기 method acting의 산실이었다. 말론 브랜도, 로드 스타이거, 제임스 딘, 몽고메리 클리프트, 폴 뉴먼 등을 지도한 연기 코치이자 설립자인 리 스트라스버그 Lee Strassberg는 훗날 이렇게 말했다.

"수백 명의 학생을 가르쳤지만 가장 뛰어난 두 사람을 꼽으라면, 말론 브랜도와 마릴린 먼로이다."

마릴린 먼로의 섹시미와 백치미는 그녀 스스로 이미지메이킹을 한 것이다. 아니 더욱 정확하게 이야기하자면 그 역할에 충실하게 연기를 했을 뿐이다. 대중들은 그녀가 만들어놓은 이미지에 깜빡 속은 것이다. 그만큼 마릴린 먼로의 연기는 훌륭했다.

먼로는 평소에 미국의 16대 대통령인 링컨을 좋아했다. 어렵고 불우한 환경을 딛고 일어선 것이 자신과 닮아서이다. 책도 많이 읽었다. 대단한 독서가인데다 글재주도 있었다. 시도 여러 편 썼으며 사색을 즐기는 배우였다.

"혼자 있을 때 난 내 자신으로 되돌아간다. 성공은 날 공공연하게 만들었지만 재능은 혼자 있는 시간에 태어난다."

남편이었던 아서 밀러의 작품을 비롯해 난해하기로 유명한 제임스

조이스의 《율리시즈》를 휴가 중에 읽는 사진도 있다. 노벨문학상을 수상한 《고도를 기다리며》의 작가 사무엘 베게트의 애독자이기도 했다. 겉으로 드러난 이미지와 달리 먼로는 만만찮은 지성을 갖춘 배우였던 것이다. 먼로는 《라이프》지와의 마지막 인터뷰에서 이렇게 말했다.

"나는 '섹스 심벌'에 대해 완전히 이해하지 못한다. 그리고 무엇의 심벌이 되었든 이 심벌은 갈등을 일으킬 소지가 있다. 섹스 심벌이 사물화될 때 그렇다. 나는 물건 취급 당하는 것이 무엇보다 싫다. 하지만 내가 어떤 것의 심벌이 되어야 한다면 기꺼이 섹스 심벌이 되겠다. 어떤 여자들은 스스로든 스튜디오의 유혹에 의해서든 나처럼 되고 싶어 한다. 그런데 그 여자들은 전방이나 후방에 있지 않기 때문에 그럴 수 없다. 그러니까 그들은 그 중간에서 살고 있다."

브랜드는 인생의 가장 중요한 요소 중 하나이다

이 인터뷰를 읽고 나서 마릴린 먼로와 백치미를 연관시키는 사람은 없을 것이다. 스티브 잡스는 애플을 통해 '혁신과 창의력'의 아이콘이 되었다. 마릴린 먼로는 '섹시'의 아이콘이 되었다. 자신이 원하는 길을 선택했으며 그 속에서 치열하게 자신과 싸웠다. 그리고 성을 쌓듯 차곡차곡 자신의 이미지를 만들어 나갔다. 목표가 있었으며 뚜렷한 자기 철학과 소신으로 위대한 발자국을 남겼다. 백치미로 자신을 표현할 때조차 그 이미지를 견고하게 만들려고 노력했다.

브랜드 이미지만큼 일반인에게 영향을 미친 용어는 없을 것이다. 브랜드 이미지 전략을 주장한 사람은 그 유명한 데이비드 오길비이다.

그는 이렇게 말했다.

"브랜드는 인생의 가장 중요한 요소 중 하나이다." Brands are all part of fabric of life

마릴린 먼로는 이미지의 중요성을 그 누구보다 잘 알고 있었던 스타였다. 그것이 오늘날까지 사람들에게 잊혀지지 않고 특별한 존재로 남아있는 이유이다.

섹시함이란 이런 겁니다. 실제로 당신이 갖고 있는 게 50%, 남들이 당신에게 있다고 생각하는 게 50%입니다. 다시 말해서 당신이 뭔가 갖고 있을 거라는 기대감과 열정을 남들에게 인식시켜주는 게 중요합니다.

2부
해군이 되지 말고
해적이 되어라

Good creator copy,
Great creator steal

필요할 때가 되면 자신의 전부를 걸어야 합니다.
여러분이 무언가를 진정으로 믿는다면
그 목표를 향해 자신이 지닌 모든 것을
남김없이 쏟아 부어야 합니다.

사람들은 상품의 질이나 실체는 아랑곳하지 않고
맨 먼저 기억하게 된 최초의 제품을 우수하게 생각한다.
개념조차 생소한 제품을 생산하는 온리원 전략은 위험하지만,
거대한 경쟁자 속에서 미래를 선점하는 효과가 있다.
사람도 마찬가지이다.

세상의 중심에 서서
온리원을 외쳐라

　이탈리아 르네상스 시대의 화가 라파엘로 산치오^{Raffaello Sanzio}가 바티칸 궁의 천장화를 그리고 있을 때의 일이다. 마침 교황이 그곳을 지나가다 사다리 위에서 위태위태하게 작업을 하고 있는 라파엘로를 보고 수행하던 총리에게 말했다.
　"저 사다리를 좀 잡아주게."
　총리가 버럭 화를 냈다.
　"아니, 교황님. 명색이 재상인 제게 일개 그림쟁이의 사다리나 잡아주라는 분부인가요?"
　총리가 볼멘소리를 하자 교황이 말했다.

"저 화가가 떨어져 목이라도 부러지면 어쩐단 말인가? 자네 같은 총리야 대체할 수 있는 사람이 줄을 섰지만 저 화가는 오직 한 사람뿐일세. 어서 붙잡게."

총리가 누군가. 하늘이 내린 절대자인 교황을 제외하곤 인간의 노력으로 오를 수 있는 넘버원의 자리가 아닌가. 그러나 교황은 그런 총리보다 라파엘로를 더욱 귀중한 존재로 본 것이다. 라파엘로는 교황에게 그 누구로도 대체할 수 없는 온리원이었던 것이다.

1483년 궁정화가의 아들로 태어난 라파엘로는 후에 〈아테네 학당〉이라는 유명한 작품을 비롯해 수많은 그림을 남겼다. 그리고 레오나르도 다 빈치, 미켈란젤로와 함께 르네상스의 고전적 예술을 완성한 3대 천재 예술가의 한 사람으로 역사에 길이 남았다.

자신만의 온리원을 만들어라

'경영의 신'이라 불리는 GE 잭 웰치 회장은 경제전문지 《포춘》 기자에게 다음과 같은 질문을 받았다.

"오늘 당신을 있게 한 인생 최고의 조언은 무엇입니까?"

잭 웰치는 주저없이 대답했다.

"당신 자신이 돼라!" Be Yourself

이 말은 1980년 당시 폴 오스틴 코카콜라 회장한테 들었던 금쪽같은 조언이었다. 이듬해 잭 웰치는 GE의 최연소 CEO자리에 올랐고, 모든 CEO의 전설이 되었다.

우리는 '넘버원'이라는 일등주의 이데올로기 속에 살고 있다. 하지만 우리가 추구해야 할 진정한 가치는 '넘버원'이 아니라 '온리원'이다. 온리원에는 자신의 주체성, 신념, 전문성 등 그 무엇과도 바꿀 수 없는 대체불가능한 가치가 포함되어 있다. 과거에는 '베스트'가 세상을 지배했지만 오늘날에는 '온리원'이 세상을 지배한다. 베스트는 여럿일 수 있지만 온리원은 오직 하나이기 때문이다.

온리원이 중요시 되는 것은 기업과 경영에서 잘 나타난다. 기업들은 그동안 어떻게든 성장사업에 끼어들어 넘버원이 되려는 전략으로 자원을 집중해왔다. 하지만 세계경제가 불황에 휩싸이고 줄줄이 도산이 이어지는 현재는 온리원 전략에 초점을 맞추고 있다.

2000년대 중후반 삼성그룹이 내건 경영 키워드는 넘버원과 온리원이었다. 넘버원은 기존 시장에서 1위를 차지하겠다는 것이다. 반면에 온리원은 다른 기업들이 생각하지 못했던 새로운 시장을 창출해 여기서 유일한 승자가 되겠다는 이른바 '블루오션 전략'이었다.

당신은 이 세상에 하나뿐인 소중한 존재이다

일본 이화학연구소는 응용과학을 뒷받침하는 기초과학 지원을 잘 해주기로 유명하다. 연구원도 6000명이 넘고 한 해 연구비 예산도 1조원에 이른다. 시간이 오래 걸리는 연구라도 참아주는 분위기가 조성돼 있다. 기초과학자가 다니기에 안성맞춤인 곳이다. 이같은 연구 환경이 이화학연구소에서 노벨상 수상자를 3명이나 배출한 배경이 되었다.

지난 2001년 노벨화학상을 수상한 이화학연구소 이사장인 노요리 료지 박사는 한 인터뷰에서 다음과 같이 말했다.

"연구분야에서 베스트 원Best One이 될 수 있고 온리원Only One이 될 수도 있지만 '온리원'을 택하라. 기초과학자는 다른 사람과 차별되는 자신만의 영역을 구축해야 유리하기 때문이다. 온리원 인재는 이화학연구소가 원하는 인재상이기도 하다."

노요리 료지 박사도 분자의 표면연구라는 고유영역을 개척했다. 특히 분자 하나를 다룰 수 있는 기술로 높은 평가를 받았다. 그의 기초연구는 환경공학이라는 응용과학의 기초가 되었다.

자신을 온리원으로 만들어라. 자신만의 고유한 가치를 발견하고 개발하여 온리원이 되고 싶다는 성취동기만큼 값어치 있는 것은 없다. 당신은 이 우주에서 꼭 하나뿐인 존귀하고 위대한 존재이다. 복음성가 중에 다음과 같은 노래가 있다.

당신은 사랑받기 위해 태어난 사람
당신의 삶 속에서 그 사랑 받고 있지요
(…)
당신은 사랑받기 위해 태어난 사람
지금도 그 사랑 받고 있지요

단순한 멜로디가 반복되는 이 노래를 듣고 있으면 힘이 난다. 특히나 혼자 부르는 게 아니라 생일이나 축하할 일이 있을 때 여러 사람이 이 노래를 불러주면 왠지 내가 특별한 사람이 되는 것 같다. 하지만 냉정하게 자신에게 물어봐야 한다.

"나는 1인 기업가로서 부가가치가 있는 사람인가?"
"나만의 특별한 가치는 무엇인가?"
출발은 여기부터이다. 자신이 먼저 온리원이 되려고 하는 마음가짐. 그리고 그 마음가짐을 삶과 일에서 나타나게 하는 것.

세상의 중심에 서서 온리원을 외쳐라.
세상의 주인공은 바로 당신이다.

💡 이 고수를 훔쳐라! ⑤ 발명가 오카노 마사유키

하나밖에 없는 온리원 제품을 만들어라

"여보, 미국항공우주국NASA에서 손님이 찾아 왔어요."
"잠시만 기다리라고 해. 하던 일을 마저 해야 돼."
도쿄 스미다구에 있는 작은 동네 철공소로 건장한 사내가 들어와 앉았다. 요란한 쇳소리가 귀를 파고들었다. 그는 공장 이곳저곳을 둘러보며 의아하다는 듯이 고개를 갸우뚱거렸다.
'이렇게 작은 공장에서 우주선 부품을 만든다고?'
몇십 분이 지난 후 한 사내가 목에 수건을 두르고 나타났다.
"오래 기다리셨죠? 일본은 처음이십니까?"
"아니요, 일본에서 파견 근무를 하고 있습니다."

"다행이군요. 저는 오카노 마사유키라고 합니다."

사내가 악수를 청했다. 그리고 점퍼 주머니에서 주섬주섬 한 장의 명함을 꺼냈다.

오카노 마사유키岡野雅行. 명함에는 '대표 이사'나 '사장'이 아닌 '대표 사원'이라는 직함이 찍혀 있었다.

"보시다시피 우리 회사는 아주 작습니다. 직원이라고 해봐야 저와 아내, 사위를 포함해서 모두 6명뿐이지요. 근데 나사에서 무슨 일로 오셨습니까?"

"우주선에 들어갈 부품 때문에 찾아왔습니다. 사장님이 만든 부품이 꼭 필요하답니다. 보수는 사장님이 요구하시는대로 드리라는 상부의 지시가 있었습니다."

"하하하. 그렇습니까?"

마사유키는 호탕하게 웃었다.

나사뿐만이 아니었다. 국방성, 소니, 히타치 등 각국 기관과 기업들이 수시로 마사유키의 공장을 방문했다. 그의 공장은 '불치병 치료소'라고 불리웠다. 어떤 회사나 기술자도 해결하지 못하는 골칫거리를 들고 오기 때문이다.

마사유키는 비싼 치료비를 받기로 유명했다. 가격 때문에 발길을 돌렸다가도 "오카노 마사유키가 아니면 안되겠군"하고 다시 찾아올 정도였다.

학력이라곤 초등학교 졸업이 전부인 그에게 대기업들의 발길이 끊이지 않는 이유는 무엇일까? 그건 세계 최대 업체보다는 누구도 만들지 못하는 제품을 생산할 수 있는 세계 유일의 기업을 지향했던 그의 경영철학 덕분이다.

"누구도 만들지 못하는 제품을 만들자."

마사유키는 '넘버원'보다는 '온리원'을 자신의 경영철학이자 목표로 삼았다. 단 6명의 직원으로 연 80억 원이라는 놀라운 매출을 기록하고 있는 기업. NHK를 비롯한 일본 언론뿐만 아니라 미국《타임》지도 그의 기술에 대해 다음과 같은 찬사를 보냈다.

"현대 과학기술을 능가하는 최고의 센서를 지닌 인간이 창출한 것."

마사유키의 금형 프레스 기술은 독보적이다. 자동차 충돌방지용 센서, 컴퓨터 압착단자, 레이저 반사경과 레이저 반사경용 위성 안테나를 비롯해 핸드폰과 컴퓨터에 사용되는 원피스형 리튬전지 케이스까지 그의 제품은 그 쓰임새가 다양하다. 금형전문 기업을 운영하던 아버지의 반대를 무릅쓰고 프레스까지 확장하기 위해 프레스 기술을 스스로 익힌 결과였다.

어린 시절 마사유키는 독일어로 된 프레스 관련 책과 독일어 사전을 분신처럼 끼고 다녔고, 책 한 권을 통째로 외우다시피 했다. 세계 부품 시장을 좌지우지하는 무라타나 교세라, 로옴, 옴론 등의 일본 기업도 처음에는 모두 온리원 제품이 있는 중소기업에서 출발했다는 사실이 아니더라도 그가 선택한 '온리원 전략'은 그와 그의 기업의 명성을 전 세계에 알리는 강력한 소구점이 되었다.

시장이 따라가는 게 아니라 시장을 따라오게 하라

'부르는 게 값이 되는 초일류 하청업자'

마사유키에 대해 한 언론은 다음과 같이 정의했다.

마사유키는 5년 후에는 무엇을 먹고 살아야 하는가를 항상 생각한다. 아무리 멋진 상품이라도 절대로 3년 이상 생산하지 않는다. 3년 정도 지나면 이미 경쟁사들에게 뺏길 수 있는 것은 거의 다 빼앗겨 출혈경쟁을 해야 한다. 그래서 그는 한 아이템을 3년 정도 직접 생산해 팔다가 이후에는 기술을 다른 기업들에게 팔아버린다. '넘버원'이 아니라 '온리원'을 지향하는 그의 독특한 경영철학과 자신만의 기술력, 혜안이 있기에 가능한 부분이다.

넘버원은 자신의 위치를 지키기 위해 끊임없는 연구와 투자를 반복해야 한다. 시장의 경쟁자들은 넘버원을 따라잡기 위해 치열한 '넘버투' 싸움을 벌인다. '미투 상품'이 범람하고 피를 튀기는 싸움이 끝날 때 쯤 시장은 이미 포화상태이거나 새로운 트렌드가 유행한다. 하지만 마사유키는 '온리원'을 지향하기 때문에 베스트 원에는 별다른 관심이 없다.

마사유키가 시장을 따라가는 게 아니라 시장이 마사유키를 따라오는 것이다. 이것이 온리원의 최대 강점이다.

어느날 한 기자가 마사유키에게 물었다.

"다른 사람들이 만들 수 없는 물건을 꾸준히 만들어내는 비결이 무엇입니까?"

"하늘은 인간에게 두 가지 재능을 주지 않습니다. 마법 같은 것은 없습니다. 아버지가 금형공장을 하고 있을 무렵, 금형 일을 마치면 밤에 프레스 공부를 했습니다. 일과 후부터는 늦은 시간을 이용하여 차근차근 기술을 축적한 것이 현재에 이르고 있을 뿐입니다."

"당신은 일을 수주할 때도 의뢰자의 인품을 중시하는 독특한 가치관을 갖고 있다고 들었습니다. 일을 수주하는데 특별한 잣대가 있습니까?"

"돈도 아니고 기업의 브랜드도 아닙니다."

"역시 인품입니까?"

"네, 역시 사람입니다. 물론 기본은 다른 회사가 만들지 못하는 것을 만드는 것입니다. 하지만 결정적인 것은 의뢰를 하러 오는 사람이 어떠한 인물이며 어느 정도의 열의를 갖고 있느냐가 중요합니다. 됨됨이가 제대로 된 사람이라면 그 사람을 위해 무엇이든 만들어 보겠다는 생각이 듭니다. 그 사람을 생각하면 그 사람만을 위한 제품이 저절로 나옵니다."

모기 주둥이 만한 주삿바늘로 세상을 놀라게 하다

세계 최초로 100만 분의 1그램짜리 톱니바퀴를 만든 화제의 기업 주켄 공업. 자율성과 첨단 기술에 대한 신념으로 한 길을 걸어온 마츠무라 모토오 사장이 언젠가 한 모임에서 마사유키를 만났을 때의 일화이다.

"마츠무라 사장님. 이걸 선물로 드리지요."

마사유키가 건넨 것은 작은 방울이었다. 그는 그 방울을 짤랑짤랑 흔들며 마츠무라 사장의 손에 놓아주었다.

"소리가 너무 아름답네요."

마츠무라는 고맙게 그 방울을 받았다.

'근데 왜 방울을 내게 주는 걸까?'

마사유키가 건넨 종은 마치 순금으로 만든 불단의 종처럼 아주 깨끗한 소리를 냈다.

'이음매 없이 한 장의 금속판으로 만든 것이구나. 엄청난 기술이군. 역시 마사유키야.'

마츠무라가 그 아름다운 소리에 잠시 홀려 있을 때 마사유키가 입을 열었다.

"하하하. 소리가 좋지요? 금속판 한 장을 프레스로 찍어서 만든 겁니다."

"안에 들어 있는 것은 무엇입니까?"

"피아노 선입니다."

"네? 그렇군요. 정말 아름다운 소리네요."

마츠무라는 신선한 충격을 받았다. 이 종이야말로 좋은 기술의 표본이라고 생각했다.

'누구나 놀랄만한 제조 공정에 기술도 훌륭해. 더구나 완성품은 세계에서 가장 아름다운 소리가 나는 방울이잖아. 마사유키는 정말 대단한 사람이야.'

마사유키는 2005년 또 하나의 기적을 만들어냈다.

아프지 않은 주삿바늘을 개발한 것이다.

"아프지 않은 주사바늘이 가능하겠소? 아이들이 아프다고 주사를 거부하니 큰일이오."

2000년 이 제품의 개발을 의뢰받았을 때 주변 사람들의 반응은 차가웠다.

"그건 불가능해."

"세상에 아프지 않은 주삿바늘이 어디 있어?"

"천하의 마사유키라도 이번 프로젝트는 성공하지 못할 거야."

여느날과 같이 마사유키는 늦은 새벽까지 남아 연구에 연구를 거듭했다. 그때 모기 한 마리가 날아와 그의 팔뚝을 물었다.

"앗, 따가워!"

순간 섬광처럼 한 아이디어가 마사유키의 머리를 스치고 지나갔다.

"바로 이거야. 모기 주둥이처럼 가는 바늘이라면 모기에 물리는 정도밖에 감각이 없을 거야."

그는 실험에 실험을 거듭한 결과 바깥둘레 0.2mm, 바늘구멍의 지름 0.06mm인 주삿바늘을 만들어냈다. 사람 머리카락이 0.8mm이니 그 4분의 1밖에 안 되는 놀라운 크기였다. 이 주삿바늘은 분당 350개가 생산되지만 일본 국내 수요를 맞추기도 벅차 수출은 엄두도 못낼 정도로 큰 인기를 끌었다.

마사유키는 자신의 저서에서 다음과 같이 말했다.

"남들이 절대로 하지 않으려 드는 일, 싸구려라서 돈이 안 된다는 이유로 아니면 기술적으로 불가능하다는 이유로 남들이 하지 않는 일을 해라. 싸구려 일도 남과 다르게 하면 고급 노동이 된다."

마사유키는 온리원의 중요성을 누구보다 잘 알고 있다. 자신의 발명품이나 신제품에 대해 애착을 가지고 그 명성을 유지하기보다는 새로운 온리원 제품을 개발하는데 더 많은 공과 시간을 들이는 것도 바로 이런 이유이다.

시장을 따라가는 게 아니라 시장을 따라오게 하라. 그러기 위해서는 누구도 흉내낼 수 없는 온리원 제품을 만들어야 한다. 목표를 넘버원이 아니라 온리원에 두어라. 내가 아니면 안된다는 생각을 타인들이 갖게 하라.

집이나 사무실에 불이 났을 때
5분 안에 꼭 필요한 물품을 가지고 나갈 수 있다면
당신의 정리정돈지수는 100에 가깝다.
1년에 두번씩 만이라도 컴퓨터를 포맷해보라.
당신의 컴퓨터 안에 없어도 될 자료가 무수히
쌓여 있다는 것을 알게 될 것이다.

창조적인 사람은
정리정돈에 능하다

"어지러운 방은 당신의 인생이 어지럽다는 걸 말해준다. 너저분한 책상은 당신의 업무 성과가 너저분함을 말해준다. 부자의 책상 위엔 서류더미가 없다! 어떤 사람의 인생과 일이 어떤 상태에 있는지 알려면 그 사람의 책상이나 방을 보면 된다."

일본에서 베스트셀러가 된 마스다 미츠히로의 《부자가 되려면 책상을 치워라!》에 나오는 구절이다. 어지러운 책상과 사무실은 당신의 인생과 일이 초점을 잃고 엉뚱한 곳에 시간과 에너지를 쏟아 붓고 있음을 말해준다.

심리학자 캐서린 타깃은 난잡한 작업환경에서 일할 경우 심장박동

수와 혈압이 상승하고 숨이 차며, 머리와 어깨의 통증을 일으키기 쉽다고 지적한다. 또 정서적으로 안정이 되지 않아 동료나 부하 직원에게 화를 잘 낸다고 한다.

칼럼니스트이자 사업가인 페넬로페 트렁크Penelope Trunk 의 말은 이보다 더욱 직설적이다.

"지저분한 책상은 당신의 경력을 교묘하게 갉아 먹는다. 책상이 지저분하다면 누구도 당신에게 중요한 일을 맡기려 하지 않을 것이다. 왜냐면 그 일이 당신의 책상에 쌓인 서류 더미 안으로 사라져 버려 다시는 나오지 않을 것이라고 생각하기 때문이다."

미국 텍사스대 새뮤얼 고슬링 교수는 한 연구결과를 발표했다. 학생들의 자취방과 기숙사 방 83개, 기업 사무실 94개를 조사했는데 그 결과 지저분한 생활공간을 가진 사람이 깨끗한 공간을 가진 사람들보다 효율적이지 못하고 체계적이지 못하며 창의력도 떨어진다는 사실을 밝혀냈다.

더 가슴 아픈 사실은 동료들도 자기 공간이 지저분한 사람들을 무능하고 창조적이지 못한 사람으로 인식한다는 점이다. 자기 공간이 지저분한 사람은 '지금 내 머리가 복잡해서 미칠 지경이에요'라고 홍보하는 것과 같다.

성공한 사람의 책상은 언제나 깨끗하고 심플하다

간혹 책상 위가 지저분할수록 일을 잘하는 능력자라고 말하는 사람이 있다. 하지만 그 사람은 낙하산이거나 일을 벌려놓고 뒷수습을 못하는 사람일 확률이 높다. 어지러진 책상은 열심히 일하고 있다는 표시가 아니다. 그건 자신의 책임감 결핍과 무신경함을 남에게 선전하는 것과 진배없다. 전문가들은 성공한 사람의 책상은 언제나 곧 퇴사해도 될 만큼 깔끔하고 심플하다고 지적한다.

책상 위를 깨끗이 하면 군더더기 없는 일처리로 이어질 것이다. 이는 업무 시간은 줄이고 효율은 높이는 효과가 있다.

강우석 감독이 2002년에 발표한 〈공공의 적〉에는 의미심장한 장면이 등장한다. 관내에서 발생한 노부부 살인사건을 해결하지 못해 전전긍긍하는 양천경찰서에 신임 반장이 부임한다. 그는 일장 연설을 늘어놓으며 다음과 같이 말한다.

"빨리 범인을 잡아라!"

반장은 곧이어 형사들의 책상에 다가가 일일이 서랍을 열어본다. 평소 근무태도를 알아보기 위해서이다. 첫 번째 형사의 서랍을 열자 골프 잡지와 골프공이 눈에 들어온다.

"형사가 무슨 골프야!"

반장은 잡지로 형사의 머리를 때리며 문제의 강철중(설경구) 형사의 서랍을 연다. 서랍을 여는 순간 안은 텅 비어 있다.

곧이어 또르륵 소리를 내며 굴러 내려오는 볼펜 한 자루. 그게 전부이다. 신임반장은 고래고래 소리를 지르지만 얼굴에는 알듯 모를 듯한 미소를 띠운다. 그 미소의 의미가 무엇일까? 반장의 미소에 답이라도 하듯이 증거를 잡고 끈질기게 추적한 끝에 범인을 잡는 것은 단순하고 집요한 강철중 형사이다.

필자가 책상에 대한 정리정돈을 강조하는 이유는 정리정돈이 단지 주위를 깨끗하게 하는 것만이 아니기 때문이다. 이러한 습관은 책상뿐만 아니라 일과 업무에도 그대로 적용되며, 사람들과의 만남에도 이어진다. 뿐만 아니라 '생각의 정리법'으로 이어져 당신의 생각과 마음가짐을 바르게 하는 효과로 나타난다. 그리고 일처리를 단순화시켜 능률적이고 효과적으로 미션을 완수하게 한다.

신변 정리에서 사고의 정리까지 확산시켜라

정리의 사전적 의미는 흐트러진 것을 질서 있게 하거나 필요 없는 것을 없애는 일이다. 정돈은 지저분한 것을 치우고 남는 것을 가지런히 하는 일이다. 하지만 정리정돈을 습관화시키다보면 사전적 의미를 넘어서는 힘과 진리가 있다는 것을 알게 될 것이다. 이건 해 본 사람은 다 안다.

책상처럼 당장 눈앞에 보이는 주변을 정리하는 것부터 시작하라. 정리를 하다보면 정리가 얼마나 즐거운 일인지 금방 알 수 있다. 그리고 불필요한 것들이 자신의 주변에 얼마나 많은지 새삼 놀라게 된다. 그리고 습관화되면 지저분한 꼴을 참기가 어렵게 된다.

주변 정리가 끝나면 점차 신변 정리, 사고의 정리까지 확산시켜라. 집안을 잘 다스리려면 집 안을 청소하고 정리해야 되는 것처럼 마음을 잘 다스리기 위해서는 마음의 청소를 해야 한다.

정신적으로 미움, 분노, 시기, 질투, 교만, 탐욕 같은 쓰레기더미를 자신 밖으로 던져버려라. 마음에 쓰레기가 잔뜩 쌓여있고 마음이 어지럽게 흩어져 있으면 오던 행운도 달아난다. 무엇보다 사고의 정리는 크고 작은 일이든 간에 계획을 세우고 계획대로 일을 진행할 수 있는 두뇌의 시스템으로 구축해 줄 것이다.

이 고수를 훔쳐라! ⑥ 포스코 창업자 박태준

자원은 유한하지만 창의는 무한하다

1978년 8월 중국 최고 실력자 덩샤오핑(鄧小平)이 일본 기미쓰제철소를 방문했다. 그의 안내를 맡은 사람은 이나야마 요시히로(稻山嘉寬) 당시 신일본제철 회장이었다. 덩샤오핑이 요시히로에게 말했다.

"참으로 훌륭한 시설이오. 지금 중국은 변혁의 소용돌이 속에 놓여 있소. 우리 중국에도 이런 훌륭한 제철소를 지어줄 수 있습니까?"

"각하 그건 불가능합니다."

덩샤오핑은 조금 기분이 나빴다.

'지금 중국과 나를 무시하는 건가?'

하지만 산전수전 다 겪은 덩샤오핑은 여유 있는 웃음을 띠었다.

"아니, 왜요? 무슨 특별한 이유라도 있습니까?"

요시히로가 웃으면서 답했다.

"중국에는 박태준이 없기 때문입니다."

그때서야 덩샤오핑도 요시히로가 무슨 말을 하는지 알아챘다.

"하하하. 회장님 말이 맞습니다."

아무리 훌륭한 제철소를 짓는 원대한 목표가 있더라도 그걸 구체적으로 구상하고 현실화시킬 수 있는 인재가 없다면 소용없다는 뜻이었다. 그리고 강력한 카리스마와 리더십으로 제철소를 발전시키고 유지해야 하는 것도 그 인재의 몫이다.

흑묘백묘黑猫白猫, 검은 고양이든 흰 고양이든 쥐만 잘 잡으면 된다는 뜻로 상징되는 중국 경제 정책의 입안자답게 덩샤오핑이 농담조로 말했다.

"그럼, 한국에서 박태준을 수입하면 되겠군. 하하하."

그해 말 박태준 포항제철 회장이 일본을 방문했다.

"박 회장, 그동안 잘 지냈소?"

이나야마 요시히로 회장이 반갑게 인사를 건넸다.

"네. 회장님 덕분에 회사가 날로 번창하고 있습니다."

요시히로 회장이 박태준에게 다가가 귓속말로 말했다.

"박 회장, 중국에 납치될 수 있으니 조심하세요."

"네?"

"덩샤오핑이 박 회장에게 잔뜩 눈독을 들이고 있소. 하하하."

요시히로의 말에 박태준은 조용히 웃었다. 문득 옛날 생각이 났다. 제철사업을 벌이려고 할 때 한국에는 아무것도 없었다. 그야말로 온통

백지였다. 박태준은 먼저 제철사업의 신화를 일군 일본의 기술력과 노하우가 필요했다. 그러기 위해서는 신일본체철소 이나야마 요시히로 회장의 도움이 절대적으로 필요했다.

박태준은 요시히로 회장이 즐겨 부르는 일본 노래를 미리 연습해 술 마실 때 부르기도 하고 새로운 일본 유행가를 미리 불러보기도 했다. 술도 일부러 호탕하게 마셨다. 결국엔 요시히로 회장도 박태준의 인간성을 파악하고 애국심이 있는 사람으로 판단했다. 그리고 포항제철을 세우는데 물심양면으로 도왔다. 오직 박태준이라는 사람 하나 보고 투자한 것이다. 결국 박태준은 아버지뻘이었던 요시히로와 국적과 세대를 뛰어 넘어 깊은 유대를 맺을 수 있었다.

항상 깨끗한 몸을 유지해야 세계 최고의 제품이 나온다

일본의 도움을 받아 포항제철을 설립할 수 있었지만 박태준의 가슴에는 불덩이 같은 의지와 각오가 끓어올랐다. 군화를 신고 지휘봉을 든 '야전사령관' 박태준은 직원들을 모아 놓고 말했다.

"이 제철소는 일본의 식민지 지배에 대한 보상금으로 받은 조상의 혈세로 짓는 것이다. 만일 실패하면 바로 우향우해서 영일만 바다에 빠져 죽어야 한다. 기필코 제철소를 성공시켜 국가와 조상의 은혜에 보답하자."

박태준은 한 치의 실수도 용납하지 않았다. 1972년 제강공장의 철 구조물에 대형볼트가 헐겁게 조여진 것이 발견되었을 때 24만 개의 볼트를 일일이 확인하고 덜 조여진 400개의 볼트에 흰 분필을 칠했다.

1977년 발전송풍설비 공사현장을 돌아보다 10cm가량 콘크리트가 덜 쳐진 곳을 발견했을 때는 즉시 건설현장 책임자들을 모았다. 당시 공사는 80%가량 진행된 상태였다.

"내가 포항제철에 있는 한 불량 시공은 절대 용납할 수 없다. 한 치의 오차와 틈이 발견되면 그 즉시 다시 시작한다."

박태준은 직접 다이너마이트를 가져와 그 구조물을 폭파했다. 이 폭발식은 모든 직원들에게 경각심을 불러일으켰다. 그동안 투입한 인력, 자재, 공기 등에서 손실을 보았지만 '포철의 사전에 부실공사는 없다'는 값진 무형의 자산으로 남았다. 이 폭파사건은 하버드대, 스탠퍼드대, MIT 경영학 교재에도 모범적인 경영관리 사례로 소개된 바 있다.

또한 1983년 광양제철소 시공 때에는 감사팀 직원들에게 스쿠버 장비를 갖추게 해서 전문가 도움을 받아 바닷속에서 13.6km 해안의 돌을 일일이 확인해 불량시공을 점검하기도 했다.

한 치의 오차도 허용하지 않는 완벽주의자 청암靑巖 박태준. 그가 평소 직원들에게 강조한 것은 목욕과 정리정돈이었다.

"깨끗한 몸을 유지하는 사람은 정리, 정돈, 청소의 습성이 생겨 안전과 예방 의식이 높아진다. 그 속에서만이 세계 최고의 제품을 생산할 수 있다."

포항제철 초기부터 호텔급 샤워시설을 갖춘 이유도 그래서였다. 박태준은 현장을 둘러보다 직원들의 옷가지와 도시락이 너저분하게 흩어져 있으면 어김없이 지휘봉을 휘둘렀다. 무엇보다 현장에서의 정리정돈을 강조한 것이다.

정리정돈은 삶을 단순하게 만드는 바로미터이다

2011년 12월 13일 박태준 회장이 타계했을 때 한 뉴스가 우리의 가슴을 울컥하게 만들었다. 죽기 한 달 전 박태준이 수술을 하기 위해 병원을 찾았을 때이다.

"아니, 대체 이게 뭐지?"

의료진은 박태준 회장의 폐 부위에서 일반인에게서는 좀처럼 볼 수 없는 석면과 규페를 발견했다. 그건 박태준이 포항제철을 지휘하면서 마신 모래먼지와 쇳가루, 석면가루 등이 쌓인 것이었다. 박태준은 그런 사람이었다.

박태준은 산업화 세력의 주역이었지만 결코 부패하지 않았다. 포스코의 창설자였지만 퇴직금도 챙기지 않았다. 포스코의 주식을 단 한 주도 보유하지 않았다. 총리직에서 물러난 후에는 40년간 살았던 북아현동 집을 팔고 집값 전액을 아름다운재단에 기부했다.

그의 장례식장에는 대통령을 비롯해 정치 당파를 넘어선 정치인들의 발길이 이어졌다. 외국의 언론들도 앞다퉈 '한국의 철강왕'의 죽음에 애도를 표했다. 그중에서 미테랑 프랑스 대통령의 조문은 박태준의 삶을 한 마디로 요약한 명문이었다.

"한국이 군대를 필요로 할 때 그는 장교로 투신했고, 기업인을 찾았을 때 기업인이 됐으며, 미래 비전이 필요할 때는 정치인이 됐다. 박태준에게는 한국에 봉사하는 것이 지상 명령이었다."

1927년 경남 양산에서 태어나 오늘날의 포스코를 만든 박태준 회장. 그가 이룩한 포스코는 2012년 현재 연간 3700만 톤 규모의 조강생

산을 기록하는 세계 4위권의 철강사로 성장했다. 철강경기 하락에도 불구하고 글로벌 철강사를 제치고 시가총액과 신용등급에서 모두 수위를 기록하고 있는 것도 박태준 회장의 혼이 서려있는 기업정신 때문이다.

박태준 회장은 죽을 때 아무것도 남기지 않은 '무소유'의 삶을 살다 갔다. 죽음의 순간까지 그가 그토록 외쳤던 정리정돈을 몸으로 실천한 것이다. 정리정돈은 당신의 삶을 최대한 단순하게 만들며 신속하고 정확하게 목표를 찾아줄 수 있는 바로미터이다.

깨끗한 몸을 유지하는 사람은 정리정돈, 청소의 습성이 생긴다. 그 속에서만이 세계 최고의 제품을 생산할 수 있다. 책상처럼 당장 눈앞에 보이는 주변을 정리하는 것부터 시작하라. 그리고 점차 신변 정리, 사고의 정리까지 확산시켜라.

유머감각을 키우는 첫번째 방법은 먼저 웃는 것이다.
내가 세상을 향해 웃어주면 세상도 나를 향해 웃어주고,
내가 세상을 향해 찡그리면 세상도 나를 향해 찡그리게 된다.
하루에 한번씩이라도 거울을 보고 웃는 연습을 해보라.

거울은 결코
먼저 웃지 않는다

"탕탕탕!"

"탕탕탕!"

1981년 3월 여섯 발의 총성이 울렸다. 총을 쏜 사람은 조디 포스터의 광적인 팬인 존 헝클리. 하지만 그의 총에 맞은 사람은 조디 포스터가 아니었다. 존 헝클리는 엄청난 상대를 향해 방아쇠를 당겼다. 미국의 현직 대통령, 로널드 레이건이었다. 영화배우출신으로 〈몬타나의 여걸〉, 〈제로니모족의 역습〉, 〈내일 없는 우정〉에 출연했으며 연설을 잘하고 촌철살인의 유머로 유명한 레이건은 심장에서 7센티미터 떨어진 곳에 총을 맞고 쓰러졌다.

"각하, 괜찮으십니까?"

사람들의 머릿속에는 링컨과 케네디 대통령이 떠올랐다.

"뭐하나? 빨리 각하를 병원으로 모시지 않고."

혼비백산한 주위 사람들이 레이건을 병원으로 옮기느라 정신이 없는 와중에 그가 불쑥 농담을 했다.

"총에 맞고도 죽지 않은 것은 정말 기분 좋은 일이야."

아내 낸시에게는 이렇게 말했다.

"여보, 총알 피하는 걸 깜빡했어."

위기의 순간에도 마치 NG를 낸 수줍은 영화배우처럼 농담을 하는 모습에 사람들은 깊은 안도감을 느꼈다. 하지만 레이건의 유머는 여기서 끝나지 않았다. 자신을 치료하러 온 의사들에게도 농담을 던진 것이다.

"당신들이 공화당원이었으면 좋겠소."

무겁던 분위기가 일순간 가라앉았다. 다른 사람도 아니고 일국의 대통령이 미치광이한테 어이없게 목숨을 잃어버릴 수도 있는 순간이었다. 하지만 레이건의 그 한마디에 분노와 긴장감으로 가득찬 병원 안은 평온함을 되찾았다.

한 의사가 울먹이며 레이건을 향해 말했다.

"대통령 각하, 오늘만은 우리 모두가 공화당원입니다."

레이건은 어떻게 죽음의 순간에도 웃음과 유머를 잃지 않고 위기의 순간을 의연하게 대처할 수 있었을까? 그건 그의 몸에 밴 유머 습관 때문이다. 그는 누구보다 유머의 힘을 잘 알고 있었다. 웃음과 유머는 마치 바이러스처럼 주위 사람들에게 전염되는 특징이 있다. 만약 레이건이 자신을 제대로 경호하지 못한 경호원들을 문책하고 아내를 원망하고 의사들에게 '빨리 살려달라'고 재촉했다면 어떻게 되었을까?

죽음 앞에서도 웃음을 잃지 않고 유머로 주위 사람들의 긴장을 풀어주었던 레이건은 '총 한 방 쏘지 않고 공산제국을 붕괴시킨 공로자'로 역사에 남아 있다.

1984년 재선에 나선 로널드 레이건 대통령은 73세의 고령이었다. 토론 때마다 53세의 월터 먼데일은 나이를 문제 삼았다. 그러자 레이건은 어느 날 "나는 이번 선거에서 나이를 문제 삼지 않겠다. 당신이 너무 젊고 경험이 없다는 걸 정치적 목적에 이용하지 않겠다는 것이다"라고 받아쳐 먼데일을 KO시켰다.

이렇듯 유머는 죽음이라는 극한상황에서뿐만 아니라 위기의 순간을 화해와 기회의 순간으로 바꿔놓을 수 있는 강력한 힘을 가진 바이러스이다.

행복하기 때문에 웃는 것이 아니라 웃기 때문에 행복해 진다

우리말에 '소문만복래笑門萬福來'가 있다. 웃으면 복이 온다는 뜻이다. 일본에는 '웃음은 화살도 피해간다'는 속담이 있고 서양에는 '기쁨의 하루는 슬픔의 이틀보다 낫다'라는 격언도 있다. 권위 있는 의사들과 과학자들은 이 '웃음'에 대해 수많은 실험과 연구를 해왔다. 무엇보다 스트레스를 예방하고 행복을 느끼게 하는 효과가 있다고 그들은 말한다.

스트레스는 라틴어의 'Strictus'라는 말에서 나왔다. '팽팽한, 좁은'이라는 의미를 가지고 있는 이 말은 사고나 의식의 틀이 팽팽하거나 좁아지기 때문에 원활하게 순환되지 못하고 막히는 것을 말한다. 이때 웃음과 유머는 긴장을 풀어주고 좁고 팽팽한 길을 뚫어주는 효과가 있다.

요즘처럼 전 세계적으로 경제가 불황이고 살벌한 경쟁 사회에서 웃음과 유머가 개개인의 능력으로 자리를 잡는 것도 이런 이유이다. 잠자는 시간을 제외하고 하루의 반을 보내는 회사나 학교에서 즐겁거나 행복하지 못하다면 이 좁고 팽팽한 스트레스가 여러분의 목을 조여올 것이다. 유머는 나뿐만 아니라 상대방을 즐겁고 행복하게 하는 영양제 혹은 촉진제 같은 것이다.

우리 몸의 근육은 650여 개, 얼굴 근육은 80여 개 정도가 된다. 우리가 웃을 때는 몸의 근육 231개, 얼굴 근육 15개 이상이 움직인다. 아래턱이 움직이고 횡경막 수축과 신선한 공기를 깊이 마실 수도 있다. 10초 동안 웃는 것은 3분 동안 노를 젓는 것과 4분 동안 달리기를 하는 효과와 동일하다.

'행복하기 때문에 웃는 것이 아니라 웃기 때문에 행복해진다'는 말을 가슴에 품어야 한다. 각종 연구와 조사에서 유머감각이 있는 사람이 정신건강과 대인관계에서 뛰어나다고 이야기 하는 것도 이런 이유에서이다.

얼마전 개그맨 허경환이 다섯살 때의 사진을 자신의 트위터에 올려 화제가 된 적이 있다. 전문 모델로 활동할 정도로 핸섬하고 세련된 지금과는 달리 까무잡잡한 피부를 가진 동네 개구쟁이 모습 그대로였다.

특히 짧고 통통한 다리 때문에 네티즌들이 한바탕 웃음보를 터트렸다. 이 사진을 본 동료 개그맨 김영희가 트위터에 이런 글을 남겼다.

"검고 못났어요."

그러자 허경환이 답글을 적었다.

"이리 생긴 애들한테 잘 해줘라. 커서 잘 생기고 닭 팔아서 대박나는 개그맨 될거니까."

때로 유머는 주변을 돌아보게 하고 위기 속에서 새로운 돌파구를 만들어 낼 수 있는 힘이 있다. 심각한 상황이나 좋지 않은 분위기 속에서도 유머의 힘은 빛을 발한다.

웃음 유발자 되어 유머 테러리스트로 살아라

유머는 프랑스어로는 위무르humour 독일어로는 후모르Humor라고 한다. 본래는 고대 생리학에서 인간의 체내를 흐른다고 하는 혈액·점액·담즙·흑담즙 등 4종류의 체액을 의미했다. 당시에는 이들 체액의 배합 정도가 사람의 체질이나 성질을 결정한다고 생각했고 나아가 이 말은 기질·기분·변덕스러움 등을 뜻하게 되었다. 하지만 현대에 이르러 인간의 행동·언어·문장 등이 갖는 웃음의 뜻, 그리고 그러한 웃음을 인식하거나 표현하는 능력의 뜻까지 붙게 되었다.

유머의 출발은 즐거움과 행복이다. 당신이 만약 누군가에게 즐거움과 행복을 주고자 한다면 가장 먼저 습득해야 할 것이 바로 유머감각이다. 개그맨들이나 유머감각이 뛰어난 사람을 유심히 살펴보라. 사람들이 그와 함께 있으면 즐겁고 행복해하는 모습을 볼 수 있을 것이다.

그리고 그에 말에 귀를 기울일 것이다.

유머는 긴장감을 풀어주는 역할도 한다. '유머 감각이 부족한 사람 치고 의식구조가 썩 잘되어 있는 사람은 드물다'는 말이 있을 정도로 유머 감각은 현대인들에게 필수항목이 되었다. 유머를 잘 구사하는 사람과 그렇지 못한 사람이 성공할 확률은 네 배 가까이 차이가 난다는 연구결과도 있었다.

대사 한마디 없이 영상만으로 우리에게 즐거움과 행복을 안겨 준 찰리 채플린. 예수가 태어난 12월 25일 크리스마스에 생을 마감한 이 희극배우이자 감독은 다음과 같이 말했다.

"유머는 우리가 인생을 살아가면서 균형감각을 잃지 않도록 도와주며, 엄숙함이라는 것이 얼마나 부조리한 것인지 드러낸다."

요즘은 회사를 운영하는데도 유머가 필요하다. 유머경영을 회사운영에 몸소 실천하는 사람이 있다. 바로 사우스웨스트항공사의 허브 켈러 회장과 버진그룹의 리처드 브랜슨이다.

허브 켈러 회장은 직원들에게 웃음을 주기 위해 오찬장에 엘비스 플레슬리 복장으로 나타나기도 하고 사우스웨스트항공의 기내 안내 수칙도 랩송으로 대신하는 등 파격적인 경영을 하고 있다. 그 결과 사우스웨스트항공사는 46년 연속 흑자, 30년 평균 주가수익률 1위라는 명성을 얻었다.

리처드 브랜슨 회장은 버진 콜라를 선전하기 위해 뉴욕의 상징인 타임스스퀘어 광장으로 탱크를 몰고가 코카콜라 간판에 콜라 대포를 쐈다. 슈퍼맨 복장으로 번지점프를 하는가 하면 웨딩드레스를 입고 화장까지하며 자신의 신제품을 알렸다. 사람들은 그가 나타날 때마다 '이번에는 또 얼마나 재미있는 이벤트를 벌여 우리를 기쁘게 해줄까' 하고 잔뜩 기대하게 된다. 이러한 기행과 유머가 버진그룹의 매출에 크게 도움이 되는 것은 물론이다. 이런 CEO 마케팅에 대해 브랜슨은 언젠가 이렇게 말했다.

"이왕이면 좀 튀어야 시선을 끌 거 아니겠소? 사업만 잘 된다면야 쇼쇼쇼는 얼마든지 할 수 있죠."

그들의 유머 감각을 훔쳐라. 당신과 주변 사람들에게 바이러스처럼 퍼트려라. 웃음 유발자가 돼라. 유머로 타인을 제압할 수 있는 테러리스트가 돼라. 먼저 웃어라. 거울은 결코 먼저 웃지 않는다.

이 고수를 훔쳐라! ⑦ 정치인 윈스턴 처칠

유머가 많은 사람은 결코 망하지 않는다

이 사람은 누구일까요?

팔삭둥이. 태어날 때부터 병약했으며 말을 심하게 더듬어 아이들의 놀림감이 됐다. 성적도 꼴찌를 도맡아 '저능아' '열등아'로 불렸다. 학교를 3년이나 유급했다. 몰락한 집안의 장남으로 그의 막내딸은 두 살 때 패혈증으로 죽고 아들 랜돌프와 딸 사라는 평생을 알코올 중독자로 살았다. 160센티미터를 겨우 넘는 단신에 뚱뚱한 몸, 숱이 없는 대머리, 볼품 없는 외모를 지녔다. 일그러진 등은 굽어 있고 목은 거의 안 보이며 입술은 너무 얇아 없는 듯이 보인다. 평생 동안 우울증을 앓

104

왔다. 또 다른 딸 다이애나 역시 우울증에 시달리다 스스로 목숨을 끊었다. 정계에 입문해 통상장관, 내무장관, 해군장교, 군수장관, 공군장관, 식민장관, 재무장관, 총리를 거쳤으며《제2차 세계대전 회고록》으로 노벨문학상을 수상했다.

정답은 윈스턴 처칠Winston Churchill이다.

2003년 영국 BBC 방송이 '가장 위대한 영국인'에 대한 설문조사를 실시한 결과 윌리엄 셰익스피어, 엘리자베스 1세, 근대 과학의 아버지로 일컫는 뉴턴을 제치고 국민의 28% 이상의 지지를 받아 1위에 오른 인물. 한때 종군기자로 활동하며 필력을 인정받고 아마추어 화가로 활동할 만큼 그림 솜씨도 뛰어났던 인물. 욕이었던 V를 승리Victory의 의미로 만들어 냈으며 유머를 이야기할 때 늘 등장하곤 하는 인물이 바로 처칠이다.

필자가 런던 출장을 갈 때마다 꼭 빼놓지 않고 가는 곳이 있다. 바로 웨스트민스터 역. 이곳에는 그 유명한 빅벤과 국회의사당이 있는데 무엇보다 처칠의 동상이 거기에 있다. 처칠의 동상 앞에 가보지 않고 런던을 떠난 적은 한 번도 없다. 바쁜 일정 가운데도 그의 동상 앞에 묵념이라도 하고 와야 기분이 홀가분하다. 그만큼 처칠은 내게 영웅 같은 존재이다.

역사상 가장 유명한 '유머의 달인'답게 이 동상에도 재미있는 일화가 전해진다. 1965년 1월 24일 처칠은 90세의 나이로 세상을 떠났다. 그날은 마침 처칠의 아버지가 세상을 떠난 날과 같은 날이었다. 처칠은 죽기 몇 달 전에 다음과 같은 유언을 남겼다.

"내가 죽으면 내 동상을 만들지 말게."

곁에 있던 비서가 물었다.

"특별한 이유라도 있습니까?"

그러자 처칠이 특유의 유머로 답했다.

"나는 죽어서도 국회는 쳐다보기 싫다네. 그리고 내 동상 머리에 비둘기들이 똥 싸는 것을 생각하면 끔찍하다네."

평소 비둘기를 싫어하고 정치에 환멸을 느꼈던 처칠의 마지막 소원이었다. 하지만 그의 유언 아닌 유언은 반은 이루어졌고 반은 이루어지지 않았다. 그가 죽자 이 위대한 정치인의 동상이 국회의사당 앞에 세워져야 한다는 여론으로 들끓었다.

"당신들 정치인 백 명보다 처칠 한 명이 더 낫다!"

"영국은 그에게 늘 감사해야 한다."

하지만 고인의 유언을 무시할 수는 없었다. 그래서 생각해 낸 것이 동상을 세우되 처칠의 유언을 최대한 반영하는 것이었다. 현재 처칠의 동상은 국회의사당 앞에 세워져 있다. 하지만 동상은 당당하게 정면을 쳐다보지 않고 머리가 왼쪽으로 휙 돌아간 상태이다. 마치 국회의사당은 꼴보기도 싫다는 듯이. 오른쪽 손에는 시가, 나비넥타이와 함께 그의 3대 트레이드 마크인 지팡이가 들려져 있으며 영국 왕실에서 하사한 외투를 입고 있다. 그리고 무엇보다 압권인 것은 그의 유언을 최대한 존중해 전기장치를 설치했다는 것이다. 비둘기들은 그의 동상에 얼씬도 하지 못한다. 만약 어떤 용감하고 무지한 신참 비둘기가 그의 동상에 앉아 일을 보기로 마음 먹었다면 그 가엾은 비둘기는 힘을 주기도 전에 전기 쇼크로 통구이가 될 것이다.

유머는 적을 제압하고 웃음을 유발하는 무기이다

처칠은 1874년 제7대 말보로 공작 부부 사이에서 태어났다. 말썽꾸러기에 낙제생이었다. 생활기록부에는 이렇게 적혀 있다.

"품행이 나쁘고 믿을 수 없는 학생이다. 의욕과 야심이 없고 다른 학생들과 자주 다투며, 상습적으로 지각하고 물건을 제대로 챙기지 못하며 야무지지 못하다."

세 살 버릇 여든까지 간다고 처칠은 정계에 입문해서도 아침에 일찍 일어나는 습관이 몸에 배이지 않았다. 그런 처칠이 국회의원에 출마했을 때의 일이다. 아침에 일찍 일어나기로 유명한 상대후보가 토론회에서 처칠에게 직격탄을 날렸다.

"처칠 같은 게으름뱅이는 국회의원이 될 자격이 없습니다."

그러자 처칠은 대수롭지 않다는 듯이 말을 받아쳤다.

"당신도 나처럼 예쁜 부인을 얻었다면 아침에 일찍 일어나지 못할 겁니다."

처칠의 말에 사람들은 박장대소했다.

이 '예쁜 와이프 스토리'는 총리가 된 후에 다시 한 번 사용됐다.

"늦어서 미안하오."

"총리님, 오늘도 예쁜 부인 때문에 늦잠을 주무셨나요?"

"하하하. 그래서 앞으로는 회의가 있는 전날에는 각 방을 쓸 생각이 외다."

윈스턴 처칠이 오늘날까지 영국인의 사랑을 한몸에 받고 있는 데에는 그의 깨끗한 사생활이 한몫을 했다. 처칠은 부인인 클레멘타인 처칠을 누구보다 사랑했다. 단 한 번도 여자 때문에 말썽을 피운 적이 없었다. 둘은 소문난 잉꼬 부부였다. 하지만 그들도 부부싸움만은 피할 수 없었다.

하루는 어떤 연회에서 처칠과 클레멘타인이 마주보고 앉아 있었다. 그런데 아까부터 처칠이 한쪽 손을 테이블에 올려놓고 두 손가락을 구부리고 있는 것이 아닌가. 이를 이상하게 여긴 어느 이가 클레멘타인에게 물었다.

"남편께서 하고 싶은 말이 있으신 것 같은데요? 아까부터 손가락을 구부린 채로 움직이고 있네요."

클레멘타인이 대답했다.

"사실 집에서 나오기 전에 둘이 약간 다투었거든요. 지금 남편이 잘못을 인정하고 손가락을 구부려 내게 사과하고 있는 겁니다."

부창부수夫唱婦隨. 그 남편의 그 아내였다.

링컨도 외모가 출중하지 못한 것으로 유명하지만 윈스턴 처칠만큼 못생긴 정치인도 드물 것이다. 하루는 어떤 의원이 처칠에게 농담조로 물었다.

"의원님은 어쩜 그렇게 못생기셨어요?"

처칠은 특유의 웃음을 지으며 대답했다.

"갓 태어난 아기들은 전부 나처럼 생겼답니다."

정치적으로 견해를 달리하는 정적들과의 싸움에서도 그의 유머는 빛을 발했다. 영국 최초의 여성의원인 애스터 여사와의 일화는 너무나 유명하다. 애스터 여사는 말이 거칠고 입심도 좋았지만 윈스턴 처칠만큼은 당해낼 수가 없었다.

'저 능구렁이 같은 처칠!'

하루는 에스터가 처칠을 만나자마자 악담을 했다.

"처칠 씨, 내가 만일 당신의 아내였다면 당신 커피에 독을 탔을 거예요!"

말이 끝나기가 무섭게 처칠이 여유롭게 말했다.

"애스터 여사. 내가 만일 당신의 남편이었다면 그 커피를 즉시 마셔 버렸을 거예요."

보수당이었던 처칠의 정적은 노동당이었다. 한번은 노동당의 창시자가 누구인가를 놓고 여러 사람이 다투고 있을 때 처칠이 나서서 말했다.

"그건 콜럼버스야."

사람들이 어리둥절해 하자 처칠이 말을 이었다.

"콜럼버스는 출발할 때 어디에 가는지를 몰랐으며, 도착하고서도 거기가 어딘지 몰랐소. 게다가 그는 모두 남의 돈으로 다녀왔소."

언중유골言中有骨 뼈 있는 농담이었다. 1945년 처칠이 이끄는 보수당이 총선에 패배해서 수상 자리가 노동당 애틀리 당수에게 넘어갔다. 애틀리 수상은 집권하자마자 대기업을 국유화하기 시작했다. 의회는 이를 둘러싸고 늘상 시끄러웠다.

그러던 어느 날 오전 내내 설전을 벌이던 의회가 잠시 정회되자 처칠이 화장실을 찾았다. 의원들로 만원이 된 화장실에는 딱 한 자리가 비어 있을 뿐이었다. 그건 바로 애틀리의 옆자리였다.

하지만 처칠은 다른 자리가 날 때까지 기다리고 있었다. 볼 일을 다 본 애틀리가 처칠에게 다가와 물었다.

"제 옆에 빈 자리가 있지 않았습니까? 왜 거길 쓰시지 않았죠? 혹시 저한테 뭐 불쾌한 일이라도 있습니까."

처칠이 대답했다.

"천만에요. 수상 옆자리에 가려니까 괜히 겁이 나서 그랬습니다."

"하하하. 제가 뭘 어쨌다고요?"

"수상은 뭐든지 큰 것만 보면 국유화하려 드는데 혹시 제 것을 보고 국유화하자고 달려들면 큰 일 아닙니까?"

"하하하."

그러면서 구석진 변기를 골라 일을 봤다.

애틀리가 다시 물었다.

"왜 이 넓은 자리를 놔두고 구석에서 일을 보십니까?"

"나의 큰 물건을 보면 다들 떼어가고 싶어 한다오."

"하하하."

애틀리는 웃음을 참지 못했다. 역시 처칠다운 유머였다. 처칠은 여야가 첨예하게 맞서거나 정치적 처신이 어려워지면 유머로 상황을 피해 나가곤 했다. 처칠은 정치적 재능에 대해 이런 얘기를 했다.

"정치적 재능이란 내일, 내주, 내월, 내년에 무슨 일이 일어날지를 예감하는 능력을 말한다. 아울러 훗날 왜 예언대로 되지 않았는가를 설명할 수 있는 능력도 갖고 있어야 한다."

웃지 않는 것은 거금을 은행에 두고 전혀 쓰지 않는 것과 같다

처칠은 이렇게 정적들과 싸울 때도 유머를 사용했으며 전쟁을 치르고 있는 와중에도 곧잘 유머를 구사해서 장군들과 장교, 병사들의 긴장을 풀어주었다. 무엇보다 용기가 있었다. 어려서부터 병약하고 언어 장애를 안고 있었지만 자신이 어떤 일이든 할 수 있다고 생각했다.

공습경보 사이렌이 울리면 처칠은 대피하지 않고 폭격 상황을 보기 위해 건물 위로 올라갔다. 영국 국민은 그의 용기 있는 행동에 큰 힘을 얻어 주저없이 전쟁터로 나갈 수 있었다. 또한 그는 목적의식을 갖고 사람들을 설득하며 심금을 울리는 탁월한 능력도 갖고 있었다. 이러한 그의 능력은 비록 학교 공부는 못했지만 유독 역사에 관심이 많았고, 무엇보다 엄청난 독서량에서 얻은 결과였다.

처칠은 스물 한 살에 이미 100권짜리 《영국 연감》 가운데 27권을 읽었고, 찰스 다윈의 《종의 기원》, 에드워드 기번의 《로마제국의 쇠망사》 등 당대 최고로 추앙받던 책들 속에서 하루하루를 보냈다. 그 결과 그의 삶은 늘 긍정적이었고, 여유가 있었으며, 어떠한 상황에서도 유머 감각을 잃지 않았다.

평생 우울증에 시달리면서도 제2차 세계대전을 승리로 이끈 처칠. 그는 우울증을 이겨낼 수 있었던 비결이 바로 웃음이라고 말했다. 수시로 웃었던 처칠은 부하들에게 이렇게 말했다.

"웃으시오. 그리고 부하들에게 웃음을 가르치시오. 그렇게 하지 못한다면 지금 당장 물러나시오."

웃음이 얼마나 가치 있는지를 잘 알고 있었던 그는 웃으면 수없이 많은 기회가 주어진다고 말했다. 특히 웃으면 부자가 될 확률이 더 높다고 말했다.

"웃지 않는 것은 100만달러를 은행에 두고 그 돈을 전혀 쓰지 않는 것과 같다. 웃을 수만 있다면 누구든지 마음의 부자를 넘어 실제로 부자가 될 수 있다."

처칠의 유머는 미국에서도 통했다. 전쟁을 논의하기 위해 미국으로 건너간 처칠이 호텔에 있을 때였다. 목욕을 마치고 허리에 수건을 두르고 있는데 갑자기 루즈벨트 대통령이 나타났다. 깜짝 놀란 처칠이 반갑게 인사를 하려다가 허리에 감고 있던 수건이 스르르 내려갔다. 정장을 입고 있던 루즈벨트와 처칠의 사이에서 어색한 침묵이 흘렀다. 하지만 처칠은 대수롭지 않다는 듯이 양팔을 넓게 벌리며 말했다.

"보시다시피 영국은 미국과 미국 대통령에게 아무 것도 감춘 것이 없습니다."

루즈벨트와의 회담을 마치고 그를 보기 위해 많은 사람이 모여들었다. 그때 한 기자가 물었다.

"각하의 연설을 듣기 위해 이렇게 많은 사람이 모였습니다. 기분이 어떠십니까?"

처칠이 웃으며 대답했다.

"물론 기분이 좋지요. 하지만 지금 제가 연설을 하는 대신 교수형을 당하고 있다면 최소 두 배 이상의 사람이 몰려들지 않을까요?"

처칠 유머의 결정판은 영국이 낳은 세계적인 극작가인 조지 버나드 쇼George Bernard Shaw와의 일화이다. 하루는 버나드 쇼가 처칠에게 연극표 두 장을 건네며 말했다.

"제 연극에 초대합니다. 혹시라도 동행하실 친구 분이 계시다면 함께 오십시오."

처칠이 동행할 친구조차 하나 없는 외톨이라는 점을 유머가 많기로 소문난 버나드 쇼가 비꼰 것이다. 하지만 처칠이 누군가. 곧바로 응수했다.

"첫날은 바쁜 사정으로 어려우니 다음날 가지요. 만약 연극이 하루 만에 막을 내리지 않는다면 말입니다."

절대로 , 절대로, 절대로… 포기하지 마십시오

처칠의 유머는 책 한 권으로 묶어도 끝이 없다. 역사적 기록이 많기 때문이다. 그건 처칠이 신문에 기고한 수많은 에세이와 시사평론은 물론 소설, 전기, 회고록, 역사서 등을 집필한 정력적인 작가이자 저술가였기 때문에 가능했다. 처칠이 노벨상을 수상했을 때 사람들은 깜짝 놀랐다.

"아니, 처칠이 어떻게 노벨문학상을!"

노벨문학상 수상자들 중 가장 의아한 결정이라는 반응이었다. 당시 문학상 후보였던 헤밍웨이는 다음과 같이 말했다.

"처칠은 구어口語의 대가이기 때문에 애초 노벨문학상의 취지와 맞지 않다."

하지만 스웨덴의 한림원은 처칠의 손을 들어주었다. 1953년 한림원이 밝힌 처칠의 노벨문학상 수여 사유에는 이런 글이 적혀 있다.

"역사적 글과 전기적 글에서 탁월함과 인간의 예의에 대해 행한 많은 훌륭한 연설로 인해 수상자로 선정함."

처칠은 유머뿐만 아니라 탁월한 연설가이기도 했다.

"장비를 주면 우리가 끝장내겠습니다."

"내가 바칠 것은 피와 땀과 눈물뿐이다."

"모국을 사랑하는 자는 인류를 미워할 수 없다."

모두 처칠이 연설에서 남긴 명언들이다. 하지만 오늘날까지 처칠을 거론할 때 가장 많이 회자되는 것은 옥스퍼드 대학의 졸업 축사일 것이다. 비장한 각오로 중절모를 쓰고 시가를 문 채 등장한 처칠은 연단 위에 오르려다 그만 넘어지고 말았다. 청중들이 손뼉을 치며 웃자 처칠이 마이크에 대고 이야기했다.

"즐거우셨죠? 제가 넘어져 국민이 즐겁게 웃을 수 있다면 다시 한번 넘어지겠습니다!"

사람들의 박수와 환호성이 이어졌다. 하지만 처칠은 아무 말이 없었다. 사람들은 숨을 죽인 채 그를 쳐다봤다. 양손으로 설교대를 움켜잡은 처칠은 청중을 쳐다봤다. 그렇게 30초 가량 아무 말 없이 청중을 응시하던 처칠이 드디어 입을 열었다.

"절대로 포기하지 마십시오!" You, never give up

이 한 마디를 내뱉고는 또다시 침묵이 이어졌다. 사람들은 처칠의 웅장하고 재미있는 연설을 듣고 싶었다. 하지만 처칠은 딱 한 마디만 하고 입을 닫았다. 사람들이 다시 처칠만을 바라보고 있을 때 그의 목소리가 이어졌다.

"절대로, 절대로, 절대로… 포기하지 마십시오."

그렇게 'Never'를 여섯 번 외치고 다시 청중들을 바라보더니 자신의 자리로 돌아갔다. 이 연설은 역사상 가장 짧지만 힘 있고 감동적인 연설로 남아있다.

처칠은 연설할 때마다 다음과 같은 말을 자주 인용했다.

"과거와 현재가 싸우도록 버려두면 미래를 잃게 될 것이다."

적을 만들지 마라. 비록 내 생각과 철학이 다르다고 해서 함부로 남을 비방하거나 비판해서는 안된다. 편견을 버리고 다양성을 존중하라. 악연도 인연이 될 수 있음을 명심하라. 유머 있는 삶을 살되 가벼운 사람이 되지 마라.

필요할 때가 되면 자신의 전부를 걸어야 합니다.
여러분이 무언가를 진정으로 믿는다면
그 목표를 향해 자신이 지닌 모든 것을
남김없이 쏟아 부어야 합니다.

승자의 메시지는
단순하고 명료하다

　디지털 시대의 성공 키워드는 단순함이다. 복잡하고 수많은 정보가 범람하는 시대일수록 소비자들은 단순하고 실용적이고 즉각적인 것을 원한다. 애플의 창업자 스티브 잡스는 이용자가 쉽고 간편하게 사용할 수 있는 제품 구상에 늘 몰두했다.
　"단순함이야말로 최고의 정교함이다."
　아이폰을 보라. 지극히 단순하다. 버튼 몇 개만 있다. 필요한 어플은 다운받아 사용할 수 있다. 이 단순함이 아이폰을 네 살짜리 어린아이도 자유자재로 사용할 수 있게 만든다. 사람들은 아이폰을 사용한 지 30분도 채 되지 않아 어떻게 터치하고 클릭해야 하는지 직관적으로 알 수 있다.

사람들의 눈에는 단순한 버튼과 디자인이 보이지만 제품을 사용하다보면 사람을 위한 배려와 기능의 정교함에 놀라게 된다. 정교함은 눈에 보이지 않게 모두 숨겨져 있는 것이다.

'한국의 스티비 원더'라고 불리는 하모니카 연주자인 전제덕은 한 인터뷰에서 이렇게 말했다.

"스티브 잡스에게 고맙습니다. 일찍 죽어서 섭섭하기도 하고요. 삼성이나 LG전화기에는 모든 터치를 음성으로 알려주는 기능이 없어요. 스티브 잡스가 음성 프로그램을 잘 만들어 놓아서 스크린을 터치할 때마다 그걸 음성으로 알려줍니다. 아이폰을 만든 스티브 잡스는 성격이 괴팍한 사람이라고 들었는데, 제품을 완벽하게 만들기 위해 한 제품 안에 모든 것을 집어넣으려고 한 것은 감사한 일이에요."

전제덕은 아이폰과 유트브를 통해 세상과 만나고 노래 연습을 할 수 있었다. 앞을 볼 수 없는 그이지만 이러한 기능때문에 아무런 제약 없이 자신의 음악 세계를 마음껏 펼칠 수 있는 것이다.

결국 스티브 잡스는 정교함을 앞세우지 않고 뒤로 감춘 채 심플함을 통해 소비자 공략에 나섰고 대대적인 성공을 거둔 것이다. 그의 단순함은 수많은 실험과 노력의 결과이다.

"문제에 더 깊이 들어가면 그게 진짜 복잡하다는 걸 알게 되고, 이런 난해한 해결책들을 찾아내게 되는 겁니다. 대부분의 사람들은 거기서 멈추죠. 하지만 중요한건 문제의 근본 원리를 찾고, 아름답고 우아한 해결책을 가지고 완전히 한 바퀴 돌아 다시 원점으로 돌아올 때까지 계속 가는 것입니다."

스티브 잡스의 상징이 된 PT와 검은색 터틀넥과 청바지 차림은 그가 얼마나 단순함의 신봉자인가를 잘 나타내준다.

가장 간단한 것이 바로 답이다

'오캄의 면도날 Occam's razor'이라는 용어가 있다. 이 말의 기원이 된 사람은 중세 말기의 위대한 신학자 겸 철학자 윌리엄 오캄이다. 오캄의 존재는 이탈리아의 기호학자 움베르트 에코의 추리소설 《장미의 이름》을 통해서 알려진 바 있다. 살인사건의 진실을 자연과학적 탐구자의 자세로 밝혀가는 소설의 주인공 윌리엄 수도사가 오캄을 모델로 한 것이다.

이 용어를 간단히 정의하면 단순하게 이뤄진 설명일수록 우월하다는 것이다. 서양의 중세는 철학적으로 매우 복잡하고 정교한 논쟁이 진행된 시기였다. 그러한 시대가 끝나갈 때쯤 오캄은 '오캄의 면도날'이라고 불리는 단순함의 원리를 제시한다.

생각을 예리하게 다듬고 쓸데없는 것들을 제거해 버린다는 착상에서 '면도날'이라는 이름이 붙은 이 원칙은 오늘날까지도 생각의 경제성을 제시해주는 예로 많이 인용되고 있다. 또 나아가 똑같은 사실에 대한 설명이 두 개 있을 때, 더 간단한 설명이 '참'이라는 생각으로까지 연결된다.

과학기술의 원리는 어떤 대상이더라도 보편 타당해야 하고 일률적이어야 한다. 덧붙여 '오캄의 면도날', 즉 가장 간단한 것이 답을 준다는 원칙에 맞아야 한다. 과학기술자들은 이러한 원칙을 지키려고 애를 쓴다.

세계적인 물리학자 아인슈타인의 생활신조는 '더 이상 만들 수 없을 때까지 간단하게 만들어라'였다. 플라톤이나 아리스토텔레스의 저서에서도 단순성의 원리를 발견할 수 있다. 르네상스 시대의 만물학자 레오나르도 다빈치는 "단순함이란 궁극의 정교함이다"Simplicity is the ultimate sophistication 고 했다.

2005년 노벨경제학상을 수상한 로버트 아우만Robert Aumann은 복잡한 경제 현상을 게임이론을 통해 매우 간단명료하게 설명하고자 하는 시도를 해왔다. 그는 특히 수학을 전공하는 과정에서 '오캄의 면도날'에 깊이 매료되었다. 그의 게임이론은 관념적 특수성으로 경제 현상을 설명하려는 시도에 대한 반격이었다.

오캄의 면도날의 법칙은 기업 경영에서도 응용되고 있다. 즉 우리가 어떤 일을 처리할 때는 일의 핵심을 파악하여 가장 근본적인 문제를 해결하면 된다는 것이다. 순리에 입각해서 일을 처리하고 인위적으로 일을 복잡하게 만들지 않으면 된다. 실제로 수많은 경영인들이 이 놀라운 법칙을 알고 있다.

단순성의 위대한 성질을 잘 파악한 경영인이 GE의 전 CEO인 잭 웰치다. 그는 사업은 단순하다고 주장했다. 사람들에게 단순할 수 있는 용기를 가지라고 말했다. 그의 사업 스타일을 분석해보면 3가지 비법이 보인다. 그것은 단순, 명료, 반복의 3가지 축이다. 사업 방향이 설정되면 그 방향을 향해 단순하고 명료한 메시지를 반복해서 전달했다.

"단순, 명료, 반복 이런 것들이 큰 결과를 가져오게 만든다. 이 작은 것들이 꾸준히 계속되면 마침내 큰 힘을 발휘할 수 있는 시간이 온다. 이 순간을 놓치지 마라."

사실 단순함은 간단한 게 아니다. 힘 있고 자신감 있는 사람만이 단순해질 수 있다. 일반적으로 사람들은 단순하게 보일까봐 오히려 두려워한다. 승자들의 메시지는 단순하다. 단순하면서도 명료하다. 단순성은 사물의 본질로 이끄는 힘이 있다.

조건이 같다면 가장 단순한 것이 더 진리에 가깝다

립스틱의 진열 방법을 바꾸어 유명해진 프랑스의 화장품 유통 회사가 있다. 기존의 립스틱 진열 방법은 회사별로 분류해 놓는 것이다. 소비자들은 회사 이름별로 제품을 찾아야 했다. 그런데 그 화장품 유통 회사는 관행을 바꾸었다. 색깔이라는 단일한 기준으로 정리해버린 것이다.

가장 옅은 색에서 시작해서 색이 점점 진해지는 방식의 진열법이다. 제품의 품질이 어느 정도 균일하다면 립스틱을 사는 고객들에게 중요한 것은 메이커가 아니고 색이다. 고객은 자신이 찾는 색을 진열대에서 조금씩 이동하면서 쉽게 찾을 수 있었다. 오캄의 법칙이 문자 그대로 적용된다.

승자들은 무엇을 하든 단순성을 유지한다. 최대한 단순한 목표를 설정한다. 단순한 시스템을 만들고, 단순하게 말하고 행동한다. 명확한 목표와 함께 모든 것을 단순화한다. 단순화하는 것이 체질화 돼 있다.

일을 단순화하고 일의 본질을 한눈에 파악하는 힘이 뛰어나다. 그리고 행동으로 옮기는 데 주저하지 않는다.

'간단하지만 명확하게'는 커뮤니케이션의 가장 중요한 원칙이다. 간단명료한 말을 하기 위해서는 먼저 관련 이슈에 대한 확실한 인지가 필요하다. 톨스토이는 "지혜가 깊을수록 생각을 나타내는 말은 단순해진다"고 말했다.

또 상대가 가장 알고 싶어 하는 것이 무엇인지 요구 및 상황을 확실히 파악해야 한다. 말의 종착지도 명확히 해야 한다. 단순히 알리는 것에 그칠 것인지, 구체적인 실행계획을 세우게 할 것인지를 분명히 전해야 한다.

맥도날드 창업자 레이 크록은 고교 시절 사일런트 나이트에서 아르바이트를 했다. 그때 그곳은 샴페인, 브랜디, 버번, 스카치 등 무엇이든 한 잔에 1달러씩 팔았다. 레이 크록은 술을 전혀 마시지 않았지만 가격이 하나로 통일된 메뉴와 음식 서비스의 세련된 단순함은 오랫동안 잊지 못할 깊은 인상을 남겼다. 요리 종류가 메인산 로브스터, 스테이크, 새끼오리구이, 딱 세가지였던지라 별도로 인쇄한 메뉴판도 없었다. 훗날 그는 그 단출한 메뉴를 떠올리며 맥도날드의 최우선 모토를 정했다.

그건 바로 "단순하게 해, 이 바보야!"KISS: Keep It Simple, Stupid! 였다.
이 KISS의 법칙은 여러 곳에서 변형되어 쓰인다. 'Keep It Small and Simple'의 약자로도 유명하다.

일과 생각을 복잡하게 만들지 마라.
최대한 단순화하는 작업을 하라.
그 습관이 몸에 배어야 비로소 당신의 삶도 단순명료해진다.

이 고수를 훔쳐라! ⑧ 샤넬 창업자 가브리엘 샤넬

네 자신이 스스로 명품이 되라

"20세기 가장 중요한 두 명의 여성이 있다. 한 명은 라듐을 발견한 퀴리 부인이고 또 다른 한 명은 코코 샤넬이다."

극작가인 조지 버나드쇼의 말이다.

뤼이뷔통과 함께 여성들의 로망으로 손꼽히는 샤넬이라는 브랜드. 명품으로 자리잡은 이 브랜드를 손에 넣기 위해 여성들의 구애는 오늘도 계속된다.

'코코'라는 애칭으로 유명한 가브리엘 샤넬[Gabrielle Chanel]은 1883년 프랑스의 오르베뉴 지방의 소뮈르에서 태어났다. 그녀의 아버지는 지방 도시를 돌며 행상을 하는 가난한 사람이었다. 넉넉지 않은 가정형편이었다. 엎친데 덮친 격으로 샤넬의 나이 열두 살에는 어머니의 죽음을 눈앞에서 지켜봐야 했다.

"나는 너희들을 키울 여력이 없구나."

아버지의 폭탄 선언이었다. 어린 샤넬은 언니와 함께 수녀원에 맡겨졌다. 그곳에서 생활하는 동안 샤넬은 바느질을 배우며 남보다 뛰어난 패션 감각이 있다는 것을 알았다. 하지만 누구도 그녀가 세계적인 패션 디자이너가 될 거라고는 상상조차 하지 못했다. 그건 그녀도 마찬가지였다.

패션이란 모든 곳에 존재하며 옷이란 입는 사람이 편해야 한다

수녀원 생활은 언니가 있어 견딜 수 있었지만 엄격한 규율은 샤넬을 조여왔다. 그렇게 8년의 생활을 보내고 스무살이 되던 해 샤넬은 수녀원을 나왔다. 인근 도시에서 유아용품의 판매원으로 취직했지만 곧 그만두었고 보조 양재사로 일하기 시작했다. 양재사 보조일은 재미있었지만 수입은 신통치 않았다.

샤넬에게는 끼가 있었다. 그래서 낮에는 열심히 일을 하고 밤에는 군인들이 자주 드나드는 어느 삼류 클럽에서 댄서와 가수로 활동하기 시작했다.

"코코가 트로카데로에서 누구를 만났던가…."

샤넬이 노래를 부르면 군인들은 환호성을 질렀다.

"코코!"

"코코!"

이때부터 샤넬은 '코코'라는 애칭으로 불리웠다. 훗날 자신의 이름처럼 되어버린 이 별명을 샤넬은 그다지 좋아하지 않았지만 즐겁고 행복한 경험이었다. 무엇보다 이곳에서 부유한 집안 출신인 젊은 장교 에티엔 발잔을 만난 것이 가장 큰 행운이었다.

발잔의 집에 머물면서 샤넬은 남성용 승마복을 여성용으로 개량하는 솜씨를 발휘했다.

1900년대 초까지 여성들은 코르셋이라는 꽉 조이는 속옷을 입었다. 가는 허리를 만들기 위해 숨도 제대로 쉴 수 없는 속옷을 입은 것이다. 〈바람과 함께 사라지다〉에서 흑인 하녀가 침대 기둥을 잡은 비비안 리에게 코르셋을 입히려고 애쓰는 모습이 당시 상황과 다르지 않았다. 개량한 승마복의 첫 모델은 다름 아닌 샤넬이었다.

"아니, 저건 승마바지 아니야?"

"말세로군, 말세야. 저런 옷을 입고 거리를 다니다니."

사람들은 그녀의 옷차림을 보고 흉을 봤다. 하지만 여자들의 생각은 달랐다.

"부럽네. 나도 저런 옷을 입어 봤으면."

"얼마나 편할까."

차츰 샤넬의 패션에 여성들의 시선이 머물렀다. 그리고 그녀를 따라 바지를 입는 여성이 늘어나기 시작했다. 유행의 시작이었다.

그뿐 아니었다. 샤넬은 여성들의 치마 길이를 확 줄였다. 당시 유럽에 전쟁이 일어나 남자들은 전쟁터로 나갔다. 그래서 여자들은 집안일뿐 아니라 바깥활동도 해야 했다. 그런데 치마가 너무 길어 불편했다.

그래서 무릎까지 오는 치마를 만들었다.

"옷이란 입는 사람이 편해야 한다."

샤넬의 생각이었다. 이런 그녀의 생각은 여자들의 절대적인 지지를 얻었고 대유행을 불러왔다.

가방도 마찬가지였다. 당시 여자들은 불편하게 가방을 손에 들고 다니거나 겨드랑이에 끼고 다녔다.

"가방에 어깨끈을 달면 좀 더 편할 텐데."

생각이 정해지면 곧바로 행동으로 옮기는 것이 샤넬의 스타일이었다. 그날부터 가방에 어깨끈을 달고 거리를 활보했다. 당시 그런 가방은 군인들이나 하고 다니는 것으로 알고 있던 사람들에게 샤넬의 가방은 승마바지와 짧은 치마 못지않게 충격적이었다. 샤넬은 일약 프랑스를 비롯한 유럽의 패션계에 혁신의 아이콘으로 우뚝섰다.

"패션은 단순한 옷의 문제가 아니다. 패션은 바람에 깃들어 공기 중에 존재한다. 사람들은 그것을 느끼고 또 들이마신다. 그것은 하늘에도 길거리에도 존재한다. 그것은 모든 곳에 존재한다. 그것은 생각, 격식, 사건에서 비롯된다."

항상 제거하고 벗겨내되 절대 덧붙이지 마라

샤넬의 행보는 여기에서 그치지 않았다. 오늘날 향수의 대명사처럼 되어버린 샤넬의 향수 또한 그녀의 창조력이 만들어낸 산물이었다. 당시 향수는 하나의 향만이 담겨 있었다. 하지만 샤넬은 로즈, 재스민 등 여러 향을 합쳐 새로운 혼합향수를 만들었다. 그게 바로 유명한 샤넬 No 5이다. 마릴린 먼로로 인해 더욱 유명해진 향수. 그때까지의 사회적인 통념과 획일화된 패션에 샤넬은 스티브 잡스가 그랬던 것처럼 혁신이라는 이름으로 자신의 이름을 널리 알린 것이다.

"다른 사람들의 눈을 두려워했다면 나는 성공하지 못했을 것이다. 진짜 사람들이 원하는 것이 무엇인지 꿰뚫어 보아야 한다. 여성들은 편하면서도 아름다운 옷을 원했고 난 그걸 실현했다. 무엇과도 바꿀 수 없는 존재가 되려면 늘 달라야 한다."

샤넬은 무엇보다 실용성을 우선시했다. 하지만 샤넬 디자인의 정수는 단순함과 명료함이다.

1920년대 여성 의상들은 여성들이 사회활동을 하는데 굉장히 거추장스러웠다. 샤넬은 이러한 여성들의 라이프 스타일의 변화를 읽고 과감하게 여성의 의상에서 장식성 요소들을 빼버린다. 중요한 것은 이런 뺄셈의 미학이 의상을 더욱 우아하게 만들었다는 점이다.

샤넬 디자인의 단순미와 기능석의 극치는 1926년에 발표한 리틀 블랙 드레스이다. 우선 이 의상은 색감 자체부터 충격적이었다. 지금도 마찬가지이지만 당시 검정색은 장례식이나 상점의 직원들이 주로 입는 옷이었다. 무엇보다 단순한 디자인이라 여기저기서 불법복제가 되어 웬만한 여성들은 샤넬 스타일의 옷을 한 벌 이상 소유했다.

"내 디자인의 가치를 인정받은 것이야."

샤넬은 복제품이 나도는 것에 기분 나빠하지 않았다.

샤넬 향수병에도 이같은 '실용적인 단순함'이라는 샤넬의 철학이 고스란히 담겨져 있다. 출시부터 현재까지 병마개와 병의 각만 조금 바뀌었을 뿐 항상 비슷한 모습을 유지하고 있다.

"항상 제거하고 벗겨내되 절대 덧붙이지 마라."

샤넬의 평소 신조와 철학은 지금까지 이어지고 있다.

1971년 1월 10일 일요일 그녀는 숨을 거두었다. 발렌시아가, 입 생 로랑, 피에르 발맹, 살바드로 달리 등이 애도하는 가운데 샤넬은 스위스 로잔에 묻혔다.

생전에 편안함과 실용성을 강조했던 샤넬은 20세기 여성 패션의 혁신가였다. 그녀는 여성의 사회진출을 누구보다 앞서 예견했으며 여성들에게 패션의 자유화와 다양성이라는 선물을 주고 떠났다. 여성의 몸을 자유롭게 한 혁신가였으며 실천가였다.

몸단장을 하지 않고 외출하는 여자를 이해할 수 없다. 그것은 예의를 차리지 않는 행동이다. 오늘이 운명의 상대와 만나게 되는 날일지도 모른다.

3부
열정을 다해
세상을 훔쳐라

Good creator copy,
Great creator steal

논쟁을 피하라.
상대방의 잘못을 들추지 말라.
자신의 잘못을 인정하라.
공손하고 온화하게 말하라.
긍정적인 대답이 나올 수 있도록 화제를 찾아라.

다음의 말을 꼭 지킨다면
십중팔구는 성공한다.
자신을 가지는 일,
그리고 그 일에 전력을 다하는 일이다.

자신감이라는
작은 씨앗을 크게 키워라

하버드, 옥스퍼드, 예일대는 왜 계속해서 명문으로 꼽힐까?

승자와 패자 사이엔 결정적이고 근본적인 차이가 존재한다. 바로 자신감이다. 수십 년간 최고의 성과를 내는 조직들을 연구해 온 하버드 경영대학원 교수이자 혁신 전략의 일인자인 로자베스 캔터Rosabeth Kanter는 지속적인 승리는 자신, 동료, 조직에 대한 자신감과 믿음 위에 구축된다는 것을 알아냈다.

"나는 힘과 자신감을 찾아 항상 바깥으로 눈을 돌렸지만, 자신감은 내면에서 나온다. 자신감은 항상 그 곳에 있다."

정신분석학의 창시자인 지그문트 프로이트의 딸인 안나 프로이트의 말이다.

자신감은 우리 내면에 기거하고 있다

옥스퍼드 사전에 따르면 자신감이란 '확신, 자신, 대담함'을 뜻한다. 영국의 시인이자 평론가인 사무엘 존슨Samuel Johnson이 '자신감은 위대한 과업의 첫째 요건이다'라고 말한 이유도 여기에 있다.

살다보면 자신감이 강해질 때가 있는가 하면 한없이 약해질 때도 있다. 우리는 어떤 상황에서는 대단한 자신감을 갖지만 또다른 상황에서는 두려움에 떤다. 그리고 어떤 사람들과 있으면 편안함을 느끼지만 다른 이들과 있으면 왠지 모를 불안감을 느낀다. 이런 현상은 자신감과 친근감에 따라 크게 좌우된다. 우리가 잘한다고 생각하는 일에는 자신감이 생기고 우리가 잘 아는 사람들과 함께 있으면 편안해 지는 것이다.

자신을 믿지 못하거나 또는 다른 사람들의 행동을 믿거나 예측할 수 있다는 확신이 없으면 어느 누구도 자신감을 발달시킬 수 없다. 자신감의 출발은 바로 당신 내면에 있는 확신과 자기애를 밖으로 끄집어 내는 것에서부터 시작된다.

2006년 가을 우리나라 최초로 한국인 유엔 사무총장이 탄생했다. 반기문 전 외교통상부 장관이 바로 그 주인공이다. 유엔에서 투표를 하고 있는 즈음에 국내 언론에 반 장관의 어릴 적 사진이 실렸다.

'시골 영어영재 꿈을 이루다'라는 제목의 사진이었는데, 반 장관이 고교 시절 미국으로 초청받아 케네디 대통령을 대면하는 장면이었다.

적십자사 주최 영어웅변대회에서 상을 받아 반기문 장관은 당시 케네디 대통령을 만나는 행운을 얻었다. 케네디 대통령을 만나 가까이에서 보았다는 것만으로 반기문 장관에게는 꼭 외교관이 되어 국제적인 정치가가 되어야겠다는 꿈이 생긴 것이다.

"지금 자면 꿈을 꾸지만, 지금 공부하면 꿈을 이룬다. 청소년들은 열정과 창의력을 갖추되, 겉모습만 보고 판단하지 말고 무슨 일이든 할 수 있다는 자신감을 가지라"

반기문 총장이 2010년 '세계 평화의 날'을 맞아 한 이 연설은 세계 청소년들에게 희망과 용기를 주는 메시지였다.

월드컵 4강 신화 뒤에 숨겨진 히딩크의 자신감 교육

"아직도 축구만 보면 가슴이 설렌다는 백기완 선생님입니다."

2002년 월드컵이 열리기 전인 4월의 어느날, 사회자의 소개가 끝나자 백기완 선생이 강단에 섰다. 히딩크 감독과 축구 대표팀 선수들을 한동안 바라보던 그가 말문을 열었다.

"여러분이 연습하는 모습을 보면서 눈시울이 붉어졌습니다. 나는 세계 최고 기록을 세가지 갖고 있습니다. 40여 년 동안 최루가스를 마셨으니 세계에서 나만큼 많이 마신 사람은 없을 것입니다. 또 수도 없이 가택연금을 당했으니 그 기록도 최고일 겁니다. 그리고 14년 동안 14번이나 고문을 당한 것도 내가 최고일 겁니다. 우리나라 현실이 이렇다는 걸 여러분도 알아야 합니다. 어린 시절 제 꿈은 축구선수였습니다. 하지만 그 꿈을 이루지 못했습니다. 이번 월드컵에서 우리나라의 목표가 8강이라고 들었습니다. 아직 한 번도 16강에 들지 못한 나라가 8강을 목표로 준비하고 있습니다. 전 이번에 한국이 8강 진출보다 더 좋은 성적을 낼 수 있다고 생각합니다. 욕심을 버리고 운동장에서 만판 뛰어 주십시오. 억압의 역사 속에서 우리 민족에 맺힌 60여 년간의 한을 풀어 주십시오. 7천만 동포를 위해 대신 한풀이 축구를 해 주세요."

40여분의 강의가 끝나자 여기저기에서 박수소리가 터져나왔다. 이영표 선수는 "개인적으로 존경하는 분이라 더욱 좋았다. 덕분에 자신감이 많이 생겼다"며 매스컴을 향해 말했다. 그리고 2개월 후 한국은 8강을 넘어 4강의 신화를 이루었다.

사실 백기완의 강의는 히딩크의 요청에 의한 것이었다.

'선수들의 자신감을 심어줄 좋은 방법이 없을까?'

월드컵이 시작되기 얼마 전 모든 계획대로 훈련을 마친 히딩크는 무언가 부족하다고 생각했다. 선수들의 기량은 완성되었는데 지금까지 월드컵에서 1승도 못한 나머지 자신감이 결여되어 있다고 생각했다. 그래서 축구협회를 통해 선수들의 사기를 복돋아 줄 사람이 필요하다고 요청했는데 그가 바로 백기완 선생이었다. 히딩크는 백기완을 통해 선수들에게 자신감을 불러 일으킨 것이다.

"꼭 만나 뵙고 싶은 분이 있습니다."

히딩크는 한국을 떠나기 전 이렇게 말했다.

"그게 누굽니까?"

"백기완 선생님입니다. 그 분을 꼭 만나고 싶습니다."

소식을 들은 백기완이 손수 공항까지 히딩크를 만나러 왔다.
"So Long."
히딩크의 인사에 백기완이 대답했다.
"사람은 만났다 헤어지지만 뜻과 뜻은 헤어지는 것이 아니라 역사와 함께 하는 것입니다."

자신감을 키우기 위해서는 우선 자신에게 친절해야 한다. 남과 비교하지 말고 나의 장점을 살릴 수 있는 분야를 찾아 그 일 속에서 차근차근 자신감을 쌓아야 한다. 자신감이 넘쳐 오만해져서는 안되지만 자신감이 없어 위축되거나 세상 뒤에 숨어서도 안된다. 자신을 믿는 힘이야말로 꿈과 행복을 이루기 위한 지름길임을 잊지 마라.

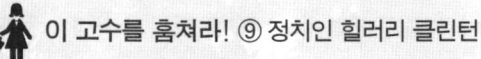
이 고수를 훔쳐라! ⑨ 정치인 힐러리 클린턴

자신을 스스로 지킬 수 있어야 한다

자신감을 이야기할 때 빼놓을 수 없는 인물이 힐러리 로뎀 클린턴 Hillary Rodham Clinton 이다. 빌 클린턴 대통령의 부인으로 세계의 주목을 한 몸에 받았지만 그녀는 퍼스트레이디로 기억되는 것에 그치지 않았다. 2000년부터 본격적으로 정치에 입문해 버락 오바마와 대통령 후보직을 두고 대결을 벌였으며, 국무장관으로 임명되고 나서는 전 세계를 돌아다녔다. 2011년 포브스 선정 '가장 영향력 있는 여성 100위' 중 2위를 차지했고 당찬 외모와 옷차림은 늘 화제가 되기도 했다.

힐러리는 마음먹은 것은 반드시 이뤄낼 수 있다는 스스로에 대한 믿음을 가지고 있었다. 빌 클린턴이 대통령으로 당선되고, 르윈스키와의 추문으로 인해 탄핵위기를 벗어날 수 있었던 것도 모두 힐러리의 내조 덕분이라는 것은 이미 알려진 사실이다.

이와 관련한 유명한 일화가 있다.

클린턴이 대통령으로 취임한 후 힐러리와 자동차를 타고 가다가 주유소에 들렀다. 그런데 우연찮게도 주유소의 사장이 힐러리의 고교 동창이었다.

"힐러리, 오랜만이야. 그동안 잘 지냈어?"

"보다시피 미국의 퍼스트레이디가 됐어."

"나도 소식 들었어. 축하해. 근데 학창시절 내가 데이트 신청을 했던 거 기억 나?"

"기억 나고 말고. 그땐 우리 둘다 젊었었지."

주유소를 빠져 나오며 추억에 잠긴 힐러리에게 클린턴이 농담을 던졌다.

"당신이 저 사람과 결혼했다면 주유소 사모님이 되었을 텐데, 안타깝군."

그러자 힐러리가 클린턴을 쳐다보며 말했다.

"아니죠. 저 사람이 대통령이 되어 있겠죠."

이 일화는 힐러리의 자신감이 어느 정도인지를 잘 말해준다.

다른 사람이 당신을 좋아하고 지지하게 만들고 싶다면 가장 먼저 스스로가 자기 자신을 좋아하고 지지해야 한다. 힐러리는 위기에 직면하여 흔들릴 때마다 셀프 토크로 모면했다.

"점점 더 예뻐지고 있어. 갈수록 자신감이 넘치고 있어. 내일은 오늘보다 더 예뻐질 거야! 더 멋있어 질거야!"

이후 8년간 대통령 부인이 된 힐러리는 갈수록 세련된 모습을 보여 줬다. 헤어스타일에도 신경을 썼고, 검정색 칵테일드레스나 얇은 파란색 정장을 멋지게 소화하는 등 당당하고 아름다운 퍼스트레이디가 되었다. 보통 사람은 나이가 들면서 아름다움을 잃어가는데 힐러리는 그 반대였다.

"아내가 너무 세거나 똑똑하면 남편이 약골로 보이는 법일세."

닉슨 전 대통령이 클린턴에게 이렇게 조언했을 정도였다.

모니카 르윈스키 사건 이후에 겪었던 혼란은 힐러리 부부관계에 위기를 가져왔다. 힐러리는 왜 남편이 이렇게까지 자신을 배신했는지, 도대체 자신은 무엇 때문에 남편을 위해 정성을 바쳐왔는지 모든 것이 허무하게만 느껴졌다. 결국 힐러리는 남편인 빌 클린턴을 영원히 이해할 수 없을지도 모른다는 절망에 빠졌다.

하지만 세상은 아픔을 견디며 남편을 저버리지 않고 침묵을 지킨 힐러리를 동정했다. 아이러니하게도 그녀의 지지율이 크게 상승했던 것이다. 탄핵재판이 제기되는 등 벼랑 끝까지 내몰렸던 빌 클린턴도 변한 모습을 보였다.

한때 30퍼센트대까지 떨어졌던 클린턴의 지지율이 르윈스키 사건 후 70퍼센트에 육박하게 되었다. 말없이 남편을 감싸는 아내의 모습이 동정을 샀고, 비슷한 고난을 겪은 사람들에게 희망을 주었다.

불우한 소녀 시절을 보냈던 힐러리의 어머니는 자신의 불행을 대물림하지 않기 위해서 세 명의 자녀들 이야기에 열심히 귀를 기울였고,

적어도 일주일에 한 번은 아이들을 도서관에 데리고 다니는 등 듬뿍 애정을 쏟았다. 또한 '네 자신을 스스로 지킬 수 있어야 한다'고 가르쳤다.

힐러리는 백악관 서관에 개인 사무실을 가진 최초의 대통령 부인이었다. 그리고 이제 그녀는 백악관의 안주인이 아닌 대통령이 되려는 꿈을 안고 있다.

우리에게 더이상 두려워 할 시간이 없다. 새로운 것에 도전하는 용기만이 세상을 바꿀 수 있다. 과거는 부도난 수표요 미래는 약속어음이고 현재는 현금임을 명심하라.

유대인 부모들은
학교에서 돌아온 자녀에게 절대로
'오늘 무엇을 배웠니?'라고 묻지 않고
꼭 '오늘 선생님께 무슨 질문을 했니?'라고 묻는다.
스스로 질문을 찾아낼 줄 모르는 사람은 발전할 수 없다.

가슴에 항상
물음표를 품어라

"요즘 학생들은 질문을 하지 않아."

오래만에 만난 대학 은사님이 술자리에서 한 말이다. 질문을 하지 않으니 일방통행적인 강의밖에 되지 않는다는 것이다. 질문을 하는 것은 도리어 당신이라고 한다. 수업을 받는 학생들이 질문을 하지 않으니 당신께서 말한 내용들이 잘 전달됐는지 확인하기 위해 질문을 한다는 것이다.

교육이란 질문하는 법, 답을 찾는 법, 인생을 사는 법을 배우는 것이다. 질문하는 힘, 질문력質問力은 의외로 강력한 힘이 있다. 이 질문력에 따라 당신의 인생이 바뀔 수도 있다.

젊었을 때는 물음표로 살고 중년이 되면 느낌표로 살아라

호기심은 사람의 원초적 본능이다. 그러나 많은 사람들은 '가만히 있으면 중간은 한다'는 말에 길들여져 있다. 엉뚱하거나 이상한 질문을 하면 웃음거리가 된다고 생각한다. 우리는 어릴 때부터 묻고 싶은 것들을 참고 살아왔다. 괜히 질문 한번 잘못했다가는 예의가 없다고 야단을 맞거나 주제넘게 나선다고 핀잔을 들었다. 그러니 질문하는 것을 누가 좋아하겠는가.

하지만 성공한 사람들을 유심히 살펴보라. 그들은 자신과 타인과 세상을 향해 끊임없이 질문한다. 지레짐작, 선입견, 편견, 고정관념을 깰 수 있는 연장은 질문밖에 없다.

"젊었을 때는 물음표로 살고 중년이 되면 느낌표로 살아라"는 말이 있다. 자기계발서를 주로 출간하는 한 출판사 선배는 어느날 술자리에서 이렇게 말했다.

"내가 자기계발서를 만들면서 1000권 넘게 관련 서적을 읽었는데 딱 한가지 공통점과 결론이 있더군. 그건 성공하기 위해서는 자신이 선택한 분야의 최고 전문가를 찾아가서 배우라는 거야."

예를 들면 당신이 웹기획자가 되고 싶어 학원에 등록했다고 상상하자. 모두 6개월 과정이다. 당신은 이 과정을 이수하기 위해 하루 2시간씩 일주일에 다섯번의 수업을 받는다. 학교 수업이나 회사일을 마치고 1시간 정도 대중교통을 이용해야 한다. 학원 강사가 알려주는대로 책과 강의를 통해 하나하나씩 웹기획의 세계로 들어간다. 하지만 여기서 끝이 아니다. 당신은 이제 초급이다. 초급을 마치면 중급 과정을 거쳐야 하고 고급과정을 거쳐야 취업과 재취업이 가능하다. 자격증도 따야 하고, 수많은 경쟁자들도 물리쳐야 한다.

하지만 한국 최고의 웹기획자를 알 수 있다면 일은 쉬워진다. 조금만 관심있다면 그 분야의 최고 권위자를 찾아가는 것도 어렵지 않다. 당장 네이버 지식인한테 물어봐도 될 것이다. 만약 그에게 배움을 받을 수 있는 기회를 얻는다면 당신의 목표는 수월해진다. 1년 과정의 코스를 이 전문가는 2개월 정도로 압축할 수 있을 것이다. 커리큘럼에 맞게 스케줄화된 학원과 달리 그 전문가한테서 엑기스만을 배울 수 있고 무엇보다 실전용이기 때문이다. 그리고 그가 지닌 인적 네트워크를 통해 취업이나 재취업도 용이할 것이다.

이런 일이 가능하기 위해서는 자신에게 무엇이 필요한지 곰곰이 생각해봐야한다. 당신의 의지력과 배우려고 하는 자세, 끈기와 노력도 필요하겠지만 무엇보다 필요한 것은 바로 질문력이다.

고대 학습법인 문답형식을 통해 당신은 무엇이 필요하고 무엇을 보강해야 할지 알 것이다. 당신이 얻으려고 하는 것을 정확하고 디테일하게 질문하면 할수록 그에 해당하는 답이 돌아온다. 마치 산에 올라가서 '야호'를 외치면 메아리 되어 돌아오는 것과 비슷한 이치이다. 또한 질문도 알아야 하는 것이다. 아무것도 모르는 상태에서의 질문은 공허할 뿐이다.

질문에도 요령과 테크닉이 필요하다. 질문을 많이 해도 요령이 없으면 솔직하고 적극적인 반응을 이끌어 내지 못한다. 질문법을 모르면 질문이 제한되고 공허해진다. 명확하지 않은 답변을 듣기 십상이다.

질문은 의외로 유혹적이다. 질문을 받고 거절할 사람은 많지 않다. 바삐 길을 가던 사람도 누군가가 몇 시인지 물어보면 금방 자기 시계나 핸드폰을 쳐다보며 시각을 알려준다. 우리는 질문에 대답을 하는 것이 사회생활의 기본조건이라도 되는 것처럼 어려서부터 교육을 받아온 것이다.

전문가를 찾아가서 질문하면서 배워라. 그게 용의치 않으면 단 일주일만이라도 전문가에게 물어봐라. 전문가의 경험과 지식은 네이버 지식인보다 백배는 더 효율적이라는 것을 알게 될 것이다.

질문하는 사람이 상황을 지배한다

비즈니스에서도 질문의 힘은 통한다. '질문하는 사람이 상황을 지배한다'는 판매법칙처럼 질문에 대답하는 사람은 질문을 하는 사람에게 지배당하게 된다.

가령 당신이 보험회사의 판매원이라고 생각해보자. 보험의 필요성과 장단점에 대해 장황하게 설명하는 것보다 몇가지 질문을 하는 것이 좋다. 가족이나 경제상황, 미래예측 등 어떤 것이라도 좋다.

"선생님 말씀대로 지금 보험에 가입한 것도 많고 자금도 넉넉하지 않다는 것은 잘 알겠습니다. 하지만 이제 20년만 있으면 정년퇴직을 하셔야 하는데 큰 자녀분이 지금 몇 살이시죠?"

"지금 중학교 3학년입니다."

"좋은 나이이네요. 진학할 고등학교는 정하셨는지요?"

"저는 인문계 고등학교에 들어가 대학을 갔으면 좋겠는데, 녀석은

○○예술고교에 들어가 연예인이 되고 싶어하네요."
"자녀분이 좋아하는 연예인은 누구입니까?"
"비를 좋아해요. 날마다 춤추느라고 공부는 뒷전이죠."
"비는 연수입이 300억이 넘는다는 것을 알고 계십니까? 웬만한 중소기업 이상이지요. 그리고 비도 ○○예술고교를 나왔습니다. 혹시 알고 계십니까?"

수많은 질문이 이어질 것이다. 위의 대화는 예를 든 것이지만 사람과 상황에 따라 질문도 바뀔 수 있을 것이다. 끊임없이 질문형 대화로 이어가라. 어느새 대화의 주도권은 당신쪽으로 넘어와 있을 것이다. 이쯤 되면 상대방은 당신의 말에 귀를 기울이게 된다.

묻는다는 것은 묻는 사람이나 대답을 하는 사람 모두에게 좋은 결과를 가져오게 마련이다. 왜냐하면 질문은 인간관계의 시작이기 때문이다. 상대방을 설득할 때도 커다란 힘을 발휘하는 것이 바로 질문의 마력이다. 물건을 살 때, 이것이 좋다고 가르침을 받는 것보다도 어느 것이 좋은지 질문을 받는 편이 기분이 훨씬 좋다.

"제 눈에는 여사님이 보라색 계통을 좋아하실 것 같은데 이 중에서 어떤 색깔의 냉장고가 마음에 드세요?"

정리하면 자신에게 질문을 하지 않는 사람보다 질문을 해주는 사람을 좋아한다는 말이다. 따라서 꼭 그 사람을 사귀어야겠다고 생각하거든 먼저 무엇을 물을 것인가를 생각하고 질문내용을 정돈해서 요령있게 질문을 하도록 하라.

사람은 누구나 질문을 받고 싶어하는 심리가 있다. 시장조사를 위해 기업들이 해마다 엄청난 돈을 뿌리고 있다. 이건 새상품을 시장에 내놓기 전에 구매자들의 의견을 구하는 것이다. 질문형식을 사용하는 것은 능숙하게 설득하기 위한 기본적인 필요조건의 하나이다. 설득하려고 하기 전에 먼저 물어보라. 이 원칙은 자신을 위해 도움이 될 것이다. 질문은 특히 상대방의 주의와 흥미를 불러일으킨다.

긍정의 질문은 긍정의 해답, 부정의 질문은 부정의 해답을 낳는다

중요한 것은 질문에도 법칙이 있다는 것이다. 무턱대고 질문을 해서는 상대방의 기분을 상하게 할 수도 있다. 질문은 심문이 아니다. 질문의 법칙 첫 번째는 한 번에 하나씩 질문하라는 것이다. 질문을 한꺼번에 쏟아놓으면 상대방이 질문에 압도되거나 혼란을 느낀다. 다음 질문으로 넘어가기 전에 답변을 충분히 들어라. 마지막 늘 잊지말아야 할 질문이 하나 있다.

"제가 물어야 하는데 혹시 묻지 않은 질문이 있나요? 있으면 지금 말해 주실래요?"

둘째 준비된 질문만이 명확한 답을 얻는다는 것이다. 좋은 질문은 충분한 준비에서 시작된다. 준비를 제대로 하면 여유가 생기고 재치 있는 질문도 즉석에서 떠오른다. 제대로 질문하기 위해서는 다른 어떤 것보다 미리 정보를 수집하고 예비지식을 충분히 쌓아 두는 자세가 필요하다. 상황에 맞닥뜨린 뒤 질문을 생각해 내려고 해봤자 제대로 될 턱이 없기 때문이다.

셋째 질문이 명쾌해야 대답도 분명하다. 너무 추상적인 질문을 해서 상대방이 답변하기 곤란하게 해서는 안된다. 질문을 던지기 전에 내가 상대방에게 원하는 답을 먼저 떠올린 다음, 그 답으로 바로 이어질만 한 질문을 해야 내 취지가 정확하게 전달된다. 유능한 사람은 논점과 논의 진행 단계에 맞는 질문을 한다. 그리고 본질을 꿰뚫는 정확하고 명료한 질문을 통해 협상의 힘을 높인다.

마지막으로 긍정의 질문은 긍정의 해답을 낳고 부정의 질문은 부정의 해답을 낳는다는 사실을 명심하는 것이다. 시험삼아 가족이나 동료들에게 부정적인 질문과 긍정적인 질문을 던져봐라. 그리고 그들의 답에 귀를 기울여 봐라. 놀라운 사실을 알게 될 것이다.

여기서 중요한 것은 자신에게 유리한 답을 얻기 위해 긍정의 질문을 하는 것이 목표가 되어서는 안된다는 것이다. 긍정의 질문을 하기 위해서는 당신이 먼저 그 생각에 대해 어느 정도의 확신이 있을 때에만 가능하다. 일종의 자기확신에 대한 확인 작업일수도 있는데 의외로 힘과 용기를 얻고 새로운 관점에서 자신의 상태를 점검할 수 있는 기회가 될 수도 있다. 여러 사람의 이야기를 경청하되 판단은 자신의 몫으로 남겨두라.

질문하는 습관은 어릴 때부터 몸에 익혀라

질문하는 것도 습관이다. 자녀들에게도 이러한 질문하는 습관을 키워줘야 한다. 일본 사립명문 와세다대학교 히브리어 교수였던 마빈 토케이어Marvin Tokayer는 《부모라면 유대인처럼》이라는 책에서 유대인 교육의 핵심은 '질문과 토론'이라고 했다. 유대인 부모들은 자녀들의 성적 대신 '질문과 토론'을 챙기며, 각자의 개성을 존중해 주고 절대로 다른 이들과 비교하지 않는다. '남들처럼' 잘하는 것보다 '남과 다르게' 하도록 격려하는 것이다. 그들은 "궁금한 건 언제든지 질문하라"고 격려하며 절대로 "귀찮게 이것저것 묻지 말고 가만히 있어!"라고 윽박지르지 않는다. 스스로 의문점을 찾아내고 해답을 찾아가는 학습법이야말로 성공에 반드시 필요한 능력이라고 믿기 때문이다.

구글의 창업자 래리 페이지는 "식사 시간마다 벌어지는 격렬한 토론 때문에, 나는 끊임없이 읽고 생각하고 상상해야 했다"고 말했다. 세계적인 영화감독 스티븐 스필버그는 "학업보다는 다른 분야에 빠져서 엉뚱한 상상만 일삼는데도, 부모님은 항상 내 이야기에 귀를 기울였고 재미있다고 격려해 주셨다"고 했다. 래리 페이지와 스티븐 스필버그는 유대인이다. 마비 토케이어는 '스스로 질문을 찾아내는 질문력'을 찾는 것이 가장 중요하다고 충고한다. 이 질문력은 자신과의 대화에서도 필요하다.

"나는 진정으로 이 일을 하고 싶은가?"
"이 일을 함으로써 내가 얻는 것은 무엇일까?"
"내가 담배를 끊지 못하는 구체적인 이유는 무엇일까?"

앞에서 이야기한 네가지 법칙에 따라 자신에게 질문해 봐라. 하나하나씩 차근차근, 자신을 잘 분석해서, 디테일하고 명학하게, 되도록 긍정적으로 말이다.

길을 모르면 물어서 가라. 초행길은 네비게이션을 찍고 가는 것보다 그곳 주민들에게 물어보는 것이 더 안전하고 빠르다. 점쟁이에게 자신의 상황을 설명하고 대답을 듣기 위해서는 최소 10만 원의 돈이 필요하다. 자신이 하려고 하는 분야의 전문가를 찾아가 그에게 질문하라. 그의 노하우와 인적 네트워크를 훔쳐라. 당신이 알고 싶은 모든 것은 그가 움켜쥐고 있다.

이 고수를 훔쳐라! ⑩ 방송인 손석희

질문은 자기주도적인 삶의 시작이다

2004년 3월 12일 대한민국 헌정사에 유례가 없는 사건이 발생했다. 대한민국 제16대 국회에서 당시 노무현 대통령의 '정치적 중립성' 등을 이유로 대통령 탄핵소추가 이루어진 것이다.

당시 야당이었던 한나라당, 새천년민주당, 자유민주연합 등 국회의원 193명의 찬성으로 가결되었고 같은 해 5월 14일 헌법재판소에서 기각된 대통령 탄핵 사태. 이 사태는 국민들의 분노를 몰고왔고 야당의 선거 참패로 이어졌다.

그즈음 MBC에서 이 사태와 관련된 〈100분 토론〉이 전파를 탔다. 여기에 출연한 한 정치인이 다음과 같은 주장을 펼치며 목소리를 높였다. 탄핵으로 국민들의 여론이 최악인 상황이었다.

"탄핵안 가결은 지지세력을 결집시키기 위한 노무현 대통령의 정략이다. 탄핵을 기다리면서 버티기하고 있었던 것이다."

탄핵은 자신들이 해놓고 모든 것이 대통령의 정략이었다고 주장한 것이다. 이 말을 들은 당시 사회자였던 손석희 아나운서는 그 정치인을 향해 날카로운 질문을 던졌다.

"알면서 왜 하셨습니까?"

"…"

손석희 아나운서의 질문에 그 정치인은 입도 벙끗하지 못했다. 그런 결과를 예측했으면서도 왜 탄핵을 무리하게 주도했느냐는 질문이었다. 핵심을 놓치지 않고 상대방의 허를 찌른 이 역질문은 손석희 아나운서를 이야기할 때 빼놓을 수 없는 전설 같은 일화이다.

손석희 아나운서의 질문은 간략하고 정확하기로 정평이 나있다. 한 언론인은 그의 이러한 질문 방식을 "마치 목표물을 향해 공중에서 일직선으로 내리꽂히는 매를 연상시킨다"고 말했다. 단정한 외모에 절제되고 정확한 멘트, 뛰어난 순발력, 탄탄한 논리에서 비롯된 상대의 허를 찌르는 공격적인 스타일에 대한 종합적인 찬사라고 할 수 있다.

그가 지닌 합리성과 논리적 비판에 매료되어 그의 팬을 자처하는 열광적인 손석희 마니아도 적지 않다. 손석희의 곱상한 외모와 조리 있는 말솜씨 때문이라고 하지만 무엇보다는 그는 질문의 요령과 힘을 누구보다 잘 알고 있는 언론인이다. 본능적이라고나 할까.

시선은 반은 세상을 보고 나머지 반은 자기 자신을 보라

"독도는 일본 영토이다!"

2005년 2월 일본이 독도 영유권을 주장하고 나섰을 때의 일이다. 주한일본대사의 발언에 온 국민이 분노를 느끼고 있을 때 일본 시마네현 의회는 이른바 '다케시마의 날'을 선포했다. 이 날을 제정한 의원모임간사인 조사이 요시로 의원이 손석희가 진행하는 라디오 프로그램에 출연했다. 손석희는 일본 요시로 의원의 주장에 대해 철저한 논리로 조목조목 반박해 이를 지켜보던 국민들의 가슴을 후련하게 했다.

"역시 손석희야. 십년 묵은 체증이 다 내려가는구만."

국민들 대부분은 이 인터뷰를 2002년 월드컵 4강의 신화보다 더 통쾌한 사건으로 기억하게 되었다. 그의 질문에 허를 찔린 사람은 이뿐이 아니다. 개고기를 먹는다는 이유만으로 한국을 비하한 프랑스 여배우 브리지트 바르도와 가진 인터뷰에서도 그는 날카로운 말솜씨를 유감없이 발휘했다. 결국 브리지트 바르도는 자신의 발언이 손석희 아나운서의 논리에 철저하게 반박당하자 일방적으로 전화를 끊으면서 불쾌감을 표시하기도 했다. 손석희는 당황하는 기색 없이 다음과 같은 클로징 멘트를 내보냈다.

"한국인이라면 몰라도 프랑스, 미국인은 결코 개고기를 먹지 않는다고 강변한 브리지트 바르도는 동물애호가라기보다는 차라리 인종차별주의자라는 결론을 얻게 되었습니다."

손석희 아나운서는 질문을 잘하는 사람으로 유명하다. 한마디로 그는 질문을 잘했기 때문에 성공한 사람이라고 해도 과언이 아니다. 인터뷰이^{인터뷰에 응한 사람}가 그의 송곳 같은 질문을 적당히 피해가려고 해도 절대로 놓치지 않는다. 여느 인터뷰어^{인터뷰를 하는 사람}와는 달리 상당히 공격적이지만 그렇다고 결코 무례하지 않다.

하지만 일에서만큼은 누구보다 엄격하다. 방송의 중립성을 위해 패널들과 식사 자리도 함께하지 않고 사람 만나는 것도 꺼려한다. 심지어 그의 후배인 김주하 앵커가 "나를 키운 건 8할이 손석희라는 악몽"이라고 말했을 정도이다.

그의 차분한 목소리에 담긴 명확하고 바른 말의 힘, 그것이 그의 주무기이다. 무엇보다 그는 질문의 힘을 알고 있는 언론인이다.

상식적 판단에서 옳은 일이라면 바꾸지 말자. 내가 죽을 때까지 그 원칙에서 흔들리지 말고 나아가자. 손석희 아나운서가 1992년 MBC노조 파업 때 감옥에 수감되면서 한 말이다. 자신이 세운 원칙은 꼭 지키는 사람이 되자.

설득의 요점은 상대방이 납득하거나
당신의 바람대로 뭔가를 행하기로 결정한 이후에
기분 좋은 느낌을 갖게 만드는 것이다.
가장 좋은 방법은 상대방이 스스로를 설득하도록
만드는 것이다. 신뢰와 믿음만큼 강력한
설득 재료는 없다는 것을 명심하라.

원하는 것을 얻으려면 설득하는 법을 익혀라

"우리 모두는 '나'라는 기업의 대표이다. 오늘날 비즈니스 세계에서 살아남기 위한 가장 중요한 일은 스스로 '나'라는 브랜드의 마케팅의 책임자가 되는 것이다. 그러기 위해서는 무엇보다 설득의 힘을 길러야 한다."

미국의 저명한 경영학자인 톰 피터슨Tom Peters의 말이다. 설득이란 당신이 원하는 것을 얻기 위해 없어서는 안 될 중요한 기술이다. 설득은 당신의 관점을 타인에게 납득시키는 것, 당신의 아이디어에 동의하게 만드는 것, 당신이 원하는 행동을 하게 만드는 것, 당신의 말에 찬성하게 만드는 것이다. 설득은 기술이자 과학이다. 설득은 또한 삶의 기술이기도 하다.

설득의 중요성을 강조한 일화는 많다. 대표적인 것이 스티브 잡스가 1983년 당시 펩시콜라 부사장 존 스컬리를 작은 벤처기업에 불과했던 애플의 CEO로 영입하면서 "평생 설탕물만 팔면서 살 거요, 아니면 나와 함께 세상을 바꾸겠소?"라며 설득했다는 이야기이다. 또한 1971년 정주영 당시 현대그룹 회장이 공장도 없는 상태에서 영국 바클레이스 은행으로 차관을 얻으러 갔을 때 호주머니 속 500원 지폐의 거북선을 보여주고 관계자를 설득했던 유명한 일화도 있다.

설득은 특히 판매와 협상, 광고, 미디어 분야에서 큰 역할을 한다. 그동안 수많은 학자와 철학자, 과학자들이 이 설득이라는 프로세스에 대해 탐구해 왔다. 설득의 요점은 상대방이 납득하거나 당신의 바람대로 뭔가를 행하기로 결정한 이후에 기분 좋은 느낌을 갖게 만드는 것이다.

가장 좋은 방법은 "상대방이 스스로를 설득하도록 만드는 것"이다. 여기에는 몇 가지 법칙이 적용된다.

설득의 요령을 키워주는 7가지의 법칙

첫 번째 법칙은 '보상의 힘'을 이용하는 것이다. 이 법칙은 보상을 약속함으로써 신속하게 상대방을 설득할 수 있다는 장점이 있다. 하지만 비용이 많이 드는 방법이기도 하다. 사람들은 보상받을 수 있다고 생각할 때 설득 당한다. 예를 들면 성적이 오르면 원하는 것을 사주겠다고 약속하면 아이들은 죽기 살기로 공부를 한다. 포상휴가나 인센티브를 내걸면 잔업을 마다하고 열심히 일을 하는 것도 이 경우이다.

두 번째 법칙은 '징벌의 힘'을 이용하는 것이다. 이 방법 또한 '보상의 힘' 만큼 매우 강력하다. 가장 원초적인 본능을 유발하기 때문이다. 무엇을 지키지 않으면 제재를 가한다거나 원조를 하지 않겠다고 엄포를 놓으면 사람들은 쉽게 설득 된다. 이 법칙은 개인과 개인뿐만 아니라 개인과 회사, 국가와 국가에서도 흔히 사용된다. 한 사람의 목소리보다는 몇몇 사람이 모여 한 소리를 내면 더욱 강력한 설득체계를 가진다.

이렇듯 사람들은 보상과 징벌이라는 당근과 채찍 앞에서 쉽게 설득된다. 이 두 가지 법칙은 강력하고 효과적이긴 하지만 비용이 많이 들거나 관계가 약화될 수 있다는 단점을 가지고 있다. 무엇보다 여러 번 사용하면 역효과가 날 수도 있다.

세 번째 법칙은 '상황의 힘'을 이용하는 것이다. 길에서 강도를 만났다고 가정해 보자. 무술에 뛰어난 능력을 가진 사람이 아니고서는 칼을 들이대면서 돈을 달라고 요구하는 강도에게 꼼짝 없이 지갑을 내줘야 할 것이다. 강도의 요구에 꼼짝없이 설득되는 순간이다.

심리학자들은 아이들을 야단칠 때도 분위기를 조성하라고 말한다. 자신의 메시지가 잘 전달될 수 있도록 낮고 차분한 목소리, 흐릿한 조명이 효과적이다. 상황 연출이야말로 설득의 세계에서 빠질 수 없는 요소이다.

네 번째 법칙은 '데이터의 힘'을 이용하는 것이다. 되도록 숫자로 수치화하는 게 효과적이다. TV 토론회에서 패널들이 그래프를 이용해서 설명하거나 인구통계학자인 자료, 여론조사 데이터로 자신의 이야기를 끌어내는 게 대표적이다.

통계청 홈페이지 http://kostat.go.kr/portal/korea를 잘 활용하라. 이 사이트에는 당신이 알고 싶어하는 각종 자료들이 산재해 있다. 인구 자료뿐만 아니라 고용, 노동, 광공업, 물가, 가계, 보건사회복지, 농림어업, 교통, 건설, 주택, 행정, 교육 등 모든 분야가 망라되어 있다. 자신의 분야에 필요한 자료들이 아주 자세하게 나와있으니 꼭 한 번 참조하시기를 바란다. 뜻하지 않은 보물도 가끔 만날 수 있을 것이다.

다섯 번째는 '희소성의 법칙'이다. 대표적인 것이 홈쇼핑 광고이다. '한정 판매. 선착순 100명에게 오늘 방송분에 한 해 특별한 서비스를 제공한다' 같은 말이나 문구가 나오면 자꾸 전화기에 시선이 가는 것도 이런 심리적 이유에서이다. 사람들은 최고의 품질보다는 최초의 제품을 선호한다는 것을 잊지 마라. 마케팅에서 'USP 전략' Unique Selling Proposition 으로 불리는 것도 이 법칙과 연관이 있다.

여섯 번째 '전문가의 지식'을 이용하는 것이다. 담배와 술을 즐기는 사람이 주변의 충고에는 콧방귀도 끼지 않다가 의사의 한 마디에 '술을 줄여야겠다' '담배를 끊어야겠다'고 생각하는 것도 이런 이유에서이다. 자신이 설득하려고 하는 사안에 대한 위인들의 일화나 명언을 이용하는 것도 설득력 지수를 높이는 한 방법이다. 만일 상대방보다 당신이 해당 업무에 대해 더 많은 지식을 쌓고 있다는 것을 확신시킬 수 있다면 강력한 무기를 손에 쥐고 있는 셈이다.

마지막으로 설득이란 게임을 지배하는 가장 강력한 법칙은 '일관성의 힘'이다. 당신이 어떤 일관된 기준을 지키며 살아간다는 사실을 타인에게 알리거나 그 기준에서 절대 벗어나지 않는다는 사실은 사람들에게 놀라운 효과를 안겨 준다. 그건 자신의 이미지를 구축해 가는 힘이 되기도 한다. 신뢰와 믿음만큼 강력한 설득 재료는 없다. 정치인이나 연예인들이 자신의 이미지를 만들고 지키기 위해 얼마나 많은 노력과 비용을 투자하는지 잘 알 것이다. 설득은 결과다. 설득으로 만족스런 결과를 도출하는 비결은 아주 간단하다.

"조작을 하지 말아야 한다."

조작된 설득은 생명력이 짧다. 순간을 넘어 영원히 지속될 때 비로소 진정한 설득이라 할 수 있다. 경영자와 회사의 거짓말로 인해 얼마나 많은 기업이 증권 시장에서 사라졌는가? '정치인들은 물이 없는 곳에 다리를 놓아주겠다고 약속하는 사람들'이라는 말은 무엇을 의미하는지 곰곰이 생각해 봐야 한다.

말이나 행동에 일관성이 없으면 사람들은 결코 당신을 신뢰하거나 믿지 못할 것이다. 결국 어떤 말을 해도 납득은 할지언정 설득 당하지는 않을 것이다. 위에서도 언급했듯이 설득의 가장 좋은 방법은 상대가 스스로 자신을 설득하게 만드는 것이다.

상대방이 스스로 설득하게 만들어라

요즘처럼 TGIF[트위터, 구글, 아이폰, 페이스북] 시대에 살고 있는 우리에게 필요한 무기는 정보의 양이나 노하우가 아니다. 이미 정보와 노하우는 인터넷 곳곳에 산재해 있다. 정작 중요한 것은 그 정보들을 어떻게 자신의 것으로 표현할 수 있느냐이다.

　원하는 것을 자신의 것으로 갖기 위해서는 이 설득의 법칙을 잘 활용해야 한다. 연애를 하거나 자신의 비즈니스에도 잘 활용하면 당신의 강력한 경쟁 무기가 될 수 있다.

　세일즈맨으로 시작해서 세계적인 성공학 강사가 된 데일 카네기(Dale Carnegie)는 자신의 저서에서 '상대방을 설득시키는 12가지'를 이렇게 요약했다.

논쟁을 피하라.
상대방의 잘못을 들추지 말라.
자신의 잘못을 인정하라.
공손하고 온화하게 말하라.
긍정적인 대답이 나올 수 있도록 화제를 찾아라.
상대방으로 하여금 말하게 하라.
상대방이 생각해 내도록 하라.
상대방에게 호감을 표시하고 동정하라.
상대방의 입장에서 생각하라.
마음씨에 호소하라.
훌륭한 연출솜씨를 발휘하라.
경쟁심리를 자극하라

　데일 카네기의 핵심을 요약하자면 결국 상대방의 입장에서 서서 생각하고 정직하게 행동하라는 것이다.

  누군가를 자신의 의도대로 설득하기란 결코 쉬운 일이 아니다. 하지만 앞에서 언급한 7가지 법칙과 상대방의 입장에서 서서 생각하는 습관이 더해진다면 당신이 원하는 것을 손에 쥘 수 있을 것이다.

이 고수를 훔쳐라! ⑪ 정치인 나폴레옹

설득의 대가는 경청의 힘을 알고 있다

"정치가는 희망을 파는 상인이다."

프랑스가 자랑하는 나폴레옹 보나파르트. '내 사전에 불가능은 없다'라는 명언으로 유명하고 에펠탑과 함께 파리를 상징하는 대표적인 건축물인 개선문이 있게 한 사람. 물론 1821년 세인트 헬레나 섬에서 숨을 거둬 살아서 개선문을 통과하지는 못했지만 승리의 월계관을 쓰는 그의 모습은 개선문에 오롯이 남아 있다.

알려진 대로 나폴레옹은 설득의 대가였다. 하지만 엄밀히 말하면 그는 프랑스인이 아니었다. 나폴레옹은 1769년 프랑스령인 지중해 코르시카 섬의 아작시오 마을에서 태어났다. 그의 옛조상은 프랑스가 아닌 이탈리아 귀족이었다. 그는 만 10세가 되어서야 프랑스어를 배우기 시작했고 브리엔 유년 군사학교에 입학했다. 코르시카 출신 첫 졸업생이었다.

24세의 나이에 일약 장군이 된 나폴레옹

졸업한 뒤 나폴레옹은 포병소위가 되어 지방연대에 부임했다. 1789년 프랑스혁명이 발발하자 고향인 코르시카로 귀향하게 되는데 이 시기 코르시카 국민군의 지도자 파올리를 도왔다. 이때 프랑스 육군은 나폴레옹에 대해 무단이탈과 2중 군적에 대해 제재를 가하려 했으나, 나폴레옹은 파리로 가서 상부를 설득해 오히려 대위로 진급한다. 그리고 왕당파의 반란을 토벌하는데 결정적인 공을 세우며 불과 24세의 나이에 일약 장군이 된다.

후세 사람들은 나폴레옹이 파올리의 설득으로 프랑스가 아닌 영국으로 갔으면 영국의 장군이 되었을 것이라고 말한다.

나폴레옹은 군사적, 정치적 책략에 남다른 감각을 지녔다. 항시 선두에 서서 진두지휘하는 명장이었다. 장교들부터 말단 병사들까지 죽음의 전장에서 그를 따랐다. 병사들을 다루는 법도 카리스마와 자상함을 번갈아 가며 사용했으며 설득력이 있었다.

나폴레옹은 늘 에너지가 넘쳤다. 전장에서도 항상 연구하다보니 목욕 중에도 독서와 명상을 멈추지 않았다고 한다. 일도 공부도 열심이었지만 카멜레온 같은 복잡한 성격으로 존경과 경멸을 동시에 받기도 했다.

전투 전술도 늘 연구하여 일반적으로 쭉 늘어서서 총을 쏘는 방법 대신 한쪽을 무너뜨리고 또 한쪽을 치는 식으로 전 군사력을 활용한 기지로 무적 불패의 신화를 이어갔다. 그 명예와 성공을 전부 프랑스인들에게 돌렸기에 프랑스인들이 한때 그를 기적을 창조해내는 인물로 열광했다.

대화의 제1규칙은 남의 말을 경청하는 것이다

나폴레옹이 1796년 이탈리아 미란으로 진격하기에 앞서 병사들을 격려하기 위해 했던 연설은 아직까지 명연설로 남아 있다.

"병사들이여! 우리의 고국을 생각해 보라! 우리가 승리했다는 소식이 전해지면, 동포들은 미칠 듯이 기쁨에 싸이지 않겠는가? 부모와 아내, 자녀들은 또 얼마나 우리의 행운을 기뻐할 것인가? 얼마나 사랑스런 마음으로 우리를 아들이라, 남편이라, 아버지라 부를 것인가! 또 얼마나 큰 영광에 싸여 있을 것인가! 진실로 우리는 위대한 일을 하였다. 그러나 아직도 우리가 할 일은 태산 같다. 프랑스 사람들은 싸움에 이길 줄은 알아도, 그 승리를 이용할 줄 모른다는 소리를 듣고 싶지는 않다. 이제 여러분은 다시 무기를 잡아야 할 것이다. 다시 무기를 잡고 전진하자. 그리하여 적군을 무찌르고 새로운 월계관을 얻어야 한다. (…) 이제야말로 조국으로 돌아가면 모두 그대들을 높여줄 것이다. '저 사람은 이탈리아 전쟁에 참전하였던 군인이다'라고."

이 연설은 병사들에게 왜 전쟁에 나가야 하는지 설득하는 내용이다. 설득의 7가지 법칙 중 '보상의 법칙'을 이용한 것으로 승리의 소식을 고국에 전했을 때 동포들이 느낄 큰 기쁨과 자신의 영광에 대해서 말하고 있다.

나폴레옹이 오늘날까지 프랑스인의 존경을 한 몸에 받고 있는 것은 그가 경청의 대가였기 때문이다. 그는 다방면에 걸쳐 전문가의 말을 경청하고 상식을 바탕으로 많은 제도를 만들어 나갔다.

설득의 대가가 되기 위해서는 남의 말을 잘 경청할 수 있는 능력을 우선적으로 갖추어야 한다. CNN의 라이브 토크쇼 진행자인 래리킹은 '대화의 제 1규칙은 경청'이라며, '당신이 타인의 말에 귀 기울이지 않으면, 그들도 당신의 말에 귀 기울이지 않는다'고 말한다.

설득의 대가들은 하나같이 상대방의 말에 귀를 기울인다. 상대방의 말 속에 원하는 것이 들어있다는 것을 아는 것이다.

가라 달려라 그리고 세계가 6일 동안에 만들어졌음을 잊지마라. 그대가 원하는 것은 무엇이든 나에게 청구할 수 있지만 시간만은 안된다. 나폴레옹의 명언 중 젊은이들이 가장 귀담아 들어야 할 말이다.

심리학자들은 고객은 감성적인 충족감으로 구매를
결정하고 논리적인 이성으로 구매를 합리화한다고 말한다.
일반적으로 감성지능이 높을수록 인생에 대해 긍정적이며,
대인 관계가 원만하고 창조적 문제 해결 능력을
갖춘 것으로 조사되고 있다.

일과 인생은 감성의
높낮이에 따라 결정된다

예전 개그 프로그램인 〈개그콘서트〉에는 '감수성'이라는 코너가 있었다. 이 나라의 왕과 신하는 감수성이 뛰어나서 잘 웃고 잘 울고 잘 삐친다. 이 코너가 처음 등장했을 때 '이 소재, 히트하겠구나'하는 일종의 감이 왔다. 시청자들의 마음에 내재한 감수성을 자극한 것이다.

'어쩜 저렇게 리얼할까.'

이 프로그램 '감수성'은 학교와 회사의 또 다른 이름이다. 칭찬 받아 마땅할 일을 해서 상사에게 보고를 했는데 상사는 내 말을 끝까지 듣지도 않고 윽박지르고, 말로 상처를 주기도 한다. 왠지 무시당하는 기분이 들고 이 조직에서 내가 중요하지 않거나 필요 없는 인물이라고 생각하기도 한다. 인간의 희노애락이 모두 담겨있는 인생 축소판 같은 이 코너는 1년 넘게 장수하며 그 인기를 누리고 있다.

'천재 한 명이 수십만 명을 먹여 살린다.'

20세기 후반 한국 기업들은 너나없이 지식경영knowledge management의 중요성을 갈파했다. 인재들을 잡기 위한 각축전이 치열하게 벌어졌고, 사내교육도 활발하게 이루어졌다. 엘리트 중심의 일등주의가 광풍처럼 몰아닥쳤다. 기업의 이러한 행태는 대학으로 이어졌다. 취직이 잘되고 미래가 보장된 학과는 학생들로 북새통을 이루었고, 때 아닌 자격증 바람이 불기도 했다. 초등학교에도 들어가지 않은 아이에게 영어를 잘 할수 있도록 혀 수술을 하는 촌극까지 벌어졌다. 경쟁을 못 이겨 수능을 앞두고 자살하는 학생수도 그 어느때보다 많았다. 무한 경쟁을 부추기는 이러한 사회 분위기 속에서 자신만의 행복을 찾기란 쉬운 일이 아니었다.

하지만 21세기에 들어서자 지능지수보다는 감성지수가 더 중요하다고 외치는 바람이 불기 시작했다. 그 시작은 아이를 가진 산모와 자녀교육에서부터였다. 때마침 미국 시사주간지 〈타임〉이 다니엘 골먼 교수의 저서 《감성지능》을 머릿기사로 취급한 뒤 감성지수라는 개념이 유행한 것도 중요한 요인이었다. 그는 이렇게 말했다.

"인생과 일의 80%는 감성지수에 의해 좌우된다."

지능지수 20%, 감성지수에는 80%의 중량이 각각 걸려있다는 주장이다. 즉 지능지수보다 감성지수에 4배의 가중치를 적용해야 한다는 것이다.

지능지수보다 감성지수가 두 배 이상 중요하다

경제 성장기에는 일정한 지식과 기술이 있으면 크게 고생하지 않고서도 일을 처리할 수 있었다. 하지만 경제가 하향기에 접어들면서 기업 간의 경쟁이 치열해졌고, 경쟁에 이기기 위해서는 지금까지 없었던 새로운 능력이 필요하게 되었다. 그 중요한 능력 가운데 하나가 감성이다.

주목할 것은 인간의 능력을 평가하는 핵심은 인간의 능력이 지능지수와 감성지수의 합이 아니라 곱이라는 점에 있다. 따라서 아무리 지능지수가 높다 하더라도 감성지수가 낮으면 종합점수도 낮아지게 된다. 지능지수가 높은 데도 고객이나 다른 사원들과 원만한 인간관계를 유지하지 못해 좋은 결과를 낳지 못하는 사원이 바로 이런 타입에 속한다.

닐슨과 삼성경제연구소, 삼성전자 등 9개 직장에서 일한 경험이 있는 한국산업기술대 전유현 교수는 "한 사람의 천재가 수만 명을 먹여 살리는 시대가 지속될 수 없다. 미래사회는 특출한 개인의 능력보다 여러 개인이 모인 집단 전체의 창의와 창조능력이 중요할 것이다"고 했다. 젊은이들의 멘토로 추앙받고 있는 안철수 교수도 "레오나르도 다빈처럼 한 사람의 천재가 모든 일을 해내는 시대는 끝났다"라고 말했다.

앞선 언급한 다니엘 골먼 교수는 GE, 휴렛패커드, 3M 등 미국 굴지의 188개 회사의 리더십 모델을 분석한 결과 일을 수행할 때 지능지수보다 감성지능이 두 배 이상 중요하다는 결과를 얻었다. 그는 특히 감성지능은 고위직으로 올라갈수록 중요하다고 강조했다.

감성지능이란 자신과 다른 사람의 감정을 이해하고 그에 따라 의사결정을 내림으로써 더욱 발전적인 행동을 할 수 있게 하는 능력이다. 인간의 인식능력은 크게 이성과 감성으로 나누어진다. 사람이 살아가면서 어떤 상황이나 사물, 즉 자극에 대하여 느끼고 반응하는 감각능력이 있는데 감각을 이성적으로 지각하느냐 아니면 감성적으로 지각하느냐의 차이이다.

감성은 이성의 반대되는 개념으로써 외부 자극에 대하여 느끼는 감정, 느낌과는 다른 정서 상태를 말하는 것이다. 심리학자들은 고객은 감성적인 충족감으로 구매를 결정하고 논리적인 이성으로 구매를 합리화한다고 말한다. 일반적으로 감성지능이 높을수록 인생에 대해 긍정적이며, 대인 관계가 원만하고 창조적 문제 해결 능력을 갖춘 것으로 조사되고 있다.

자신의 감수성 정도는 스스로 지켜라

2003년 4월 29일 국회에서는 한바탕 소동이 있었다. 4.23 재선거에서 당선된 개혁당 유시민 의원이 정장 대신 목 없는 티셔츠와 흰색 면바지에 캐주얼 재킷을 입고 등장한 것이다. 국회의원들은 고함과 삿대질을 했고, 50여 명의 의원은 퇴장했다. 유 의원은 "일을 열심히 하겠다는 취지에서 이런 복장으로 나왔다. 국회법에 정장을 입으라는 규정은 없다"라고 항변했다. 국회 모독이나 국민들에 대한 예의 없음을 떠나 신선한 충격이었다. 그는 권위에 저항하기보다는 옷차림 하나로 자신의 정치적 감성을 국민들에게 전한 것이다.

　PT의 전설이 된 애플의 창업자 스티브 잡스는 인간을 설득하고 자신의 주장을 관철시키는 데는 이성보다 감성이 중요하다는 것을 간파한 경영인이었다. 검은 티에 수수한 청바지로 마이크를 잡고 신제품을 설명하는 모습은 열정적이면서 호소력이 있었다. 보는 이의 감성을 자극했다. 이 감성마케팅은 소셜 네트워크 시대에 접어들면서 더욱 빛을 발한다.

　자신의 일상과 생각을 트위터나 페이스북을 통해 공개하는 CEO가 있는가 하면, 대통령이나 연예인들도 자신의 일상을 공개하고 공유함으로써 그들의 지지자와 소비자들에게 좀 더 친숙하게 다가가고 있다. 밴드를 결성해 기타를 메는가 하면 자전거를 타고 출퇴근하거나 술집에서 면접을 보는 경우는 이제 식상할 정도가 되었다.

　이 감성마케팅을 극대화시킨 기업이 바로 스타벅스이다. 스타벅스는 카페가 단지 커피만 파는 것이 아니라는 사실을 고객들에게 전했다. 커피나 음료를 마시면서 일행과 즐겁고 친밀한 분위기를 느끼거나 홀로 상념을 느낄 만한 분위기를 파는 전략으로 큰 성공을 거두었다. 바로 감성적인 경험에 고객을 중독시킨 것이다. '보고' '듣고' '냄새를 맡는' 오감을 통해 사람의 감수성에 호소하는 감성 마케팅의 결정판이 바로 스타벅스이다. CEO인 하워드 슐츠는 이렇게 말했다.

　"우리는 단순히 커피라는 제품을 파는 것이 아니라 서비스를 파는 것이고 고객에게 진심으로 다가가는 것이다."

　스타벅스는 제품이 아니라 커피를 우아하게 마실 수 있는 경험과 체험을 바탕으로 고객관리를 이끌어 창립한 지 20여년 만에 세계 최고의 커피 브랜드로 성장했다.

일본 시인 이바라키 노리코茨木のり子는 〈자신의 감수성 정도는 스스로 지켜라〉라는 시에서 이렇게 노래했다.

바삭바삭 말라가는 마음을 남 탓으로 돌리지 마라
스스로 물주기를 게을리 해놓고
점점 까다로워져가는 걸 친구 탓으로 돌리지 마라
유연함을 잃은 건 어느 쪽일까
뜻대로 되지 않아 짜증나는 걸 가족 탓이라고 하지 마라
무엇이든 서툴렀던 것은 나
초심이 사라져 가는 걸 생활 탓이라고 하지 마라
애당초 의지가 허약했을 뿐
안된 일을 모두 시대 탓으로 돌리지 마라
간신히 빛나는 존엄의 포기
자신의 감수성 정도는 스스로 지켜라
어리석은 사람들아

"21세기엔 지식 못지않게 감성도 중시될 것이다."

20세기 말 최고의 미래학자인 앨빈 토플러의 말이다. 이제 이성과 지식 못지않게 감성이 중요한 역할을 하는 시대가 왔다. 시장의 고객은 자신의 취향과 감성에 맞는 제품과 서비스를 사고, 기업 조직원들

은 감성이 풍부한 직장에 더 큰 매력을 느낀다.

자신 속에 숨어 있는 감수성을 끄집어 내라.
그리고 당신만의 고유한 감성으로 만들어라.

🏊 이 고수를 훔쳐라! ⑫ 올림픽 챔피언 새미 리

마음을 다하면 못 이룰 게 없다

 2010년 LA다운타운의 월셔그랜드호텔에서는 뜻 깊은 행사가 열렸다. 미주동포후원재단이 수여하는 '자랑스런 한국인상'을 수상하기 위해 두 사람이 연단에 오르자 700여 명의 참석자가 일제히 기립했다. 주인공은 밴쿠버 동계올림픽 피겨스케이팅 여자 금메달리스트인 김연아 선수와 90세가 넘은 새미 리였다.
 "김연아 선수는 다들 아시죠? 이젠 세계적인 슈퍼스타가 되었습니다. 그리고 새미 리 선생님은 오늘 처음 뵙는 분도 많으리라 생각됩니다. 리 박사님은 인종차별이 심했던 시절에 불굴의 의지로 차별의 벽을 뛰어 넘어 저 높은 꿈을 우리 모두에게 심어준 자랑스러운 한국인입니다."

도산 안창호 선생의 막내아들 필립 안씨가 새미 리를 소개하자 우레와 같은 박수소리가 터져 나왔다.

"짝짝짝."

행사장에 참석한 젊은 부인이 남편에게 물었다.

"근데 새미 리가 누구죠?"

"글쎄? 나도 잘 모르겠네. 초대장에는 올림픽 금메달리스트라고 하는데 금시초문이야."

"우리나라 최초의 금메달 리스트는 손기정 선수 아닌가요?"

"손기정 선수가 맞긴 하지만 그땐 일장기를 달고 일본 선수로 출전한 거잖아. 정식적으로는 레슬링의 양정모 선수가 최초의 금메달리스트이지."

"그나저나 아흔이 넘은 노인네 치고는 정정하네요."

"그러게 말이야. 저 나이가 되면 서있기조차 힘들 텐데."

마음을 다해 노력하면 천하를 얻을 수 있다

새미 리가 단상에 올랐다. 김연아 선수의 어깨에도 못 미치는 작은 체구에 머리 한 톨 남아 있지 않은 민머리였지만 검은 양복을 곱게 차려 입은 모습에서는 세월을 이겨낸 위엄이 뿜어져 나왔다.

"축하드립니다, 박사님. 여기 상패와 부상입니다. 한말씀 해주셔야죠?"

사회자가 내민 상패와 부상을 받은 새미 리가 마이크 앞에 섰다.

"오늘은 제가 운수대통한 날입니다. 이렇게 예쁘고 사랑스러운 우리 김연아 선수와 함께 상도 받고 부상으로 수표까지 받았습니다. 제가 그동안 강연을 많이 다녔지만 그때마다 돌아온 건 악수와 공짜 저녁이었습니다. 그래서 이번 시상식이 제겐 더 뜻깊습니다."

여기저기서 웃음소리가 터져나왔다.

"하하하."

새미 리 특유의 조크가 행사장을 가득 채운 사람들에게 폭소를 안겨 주었다. 그의 연설이 계속 이어졌다.

"오늘 김연아 선수를 보니 옛날 생각이 나네요. 그땐 인종차별이 심했지요. 학교 친구들과 함께 식당을 가면 저만 제지를 당했고 고등학교 졸업식 무도회조차 참석할 수 없었습니다. 처음에는 수영장에도 들어가지 못했습니다. 우여곡절 끝에 겨우 수영장에서 들어가 다이빙 연습을 할 수 있었지요."

장내 분위기가 숙연해졌다. 손수건으로 눈물을 훔치는 사람도 더러 눈에 띄었다.

"제가 수영장에서 연습을 끝내면 물을 새로 받았습니다. 황인종은 더럽고 지저분하다고요. 덕분에 다른 선수들은 깨끗한 물로 수영할 수 있었습니다."

인종차별 경험을 웃음으로 승화시킨 그의 발언에 뜨거운 박수갈채가 쏟아졌다.

"여보, 저 할아버지 너무 멋있다."

젊은 부인이 말했다.

"잠시만 있어봐. 이야기 마저 듣게. 왠지 울컥하네."

새미 리의 연설이 이어졌다.

"아버지는 늘 제게 말씀하셨습니다. 마음을 다해 노력하면 무엇이든 이룰 수 있다고 말이죠. 아시는 분은 다 아시겠지만 전 두 개의 올림픽 금메달을 목에 걸었습니다. 미국에서도 흔치 않은 일이죠. 고등학교 때부터 다이빙 선수로 명성을 날렸죠. 공부도 좀 했습니다. 지금으로 말하면 엄친아였죠."

다시 여기저기서 웃음이 터져나왔다. 새미 리는 실제로 학업성적이 뛰어나 동양인 최초로 학생회장에 선출되기도 했다. 아버지는 의사가 되기를 원했지만 새미 리는 다이빙이 좋았다.

하지만 아버지가 돌아가시자 아들을 위해 열심히 살아온 부친의 꿈을 저버릴 수가 없었다. 새미 리는 다이빙을 접고 의학공부에 몰두했다. 그리고 의사가 되었다.

이미 정한 약속은 갚지 않은 부채이다

의사가 된 새미 리는 다이빙과 올림픽의 꿈을 접지 못했다. 그는 의사가 되었기에 아버지와의 약속을 지켰다고 생각했다.

"이제 나와의 약속을 지킬 차례야."

새미 리는 틈틈이 연습하고 대회에도 참가했다. 그리고 1948년 스물 여덟이라는 적지 않은 나이에 미국 국가대표 다이빙 선수 자격을 취득했다. 런던 올림픽에 출전하여 고난도 연기를 선보인 그의 목에 금메달이 걸렸다.

"관중들의 환호 속에서 시상대에 오를 때였습니다. 갑자기 아버지의 말이 들려왔지요. '마음을 다해 노력하면 무엇이든 이룰 수 있다는 걸 너는 증명해 보였구나. 네가 무척이나 자랑스럽구나' 그다음 올림픽에도 출전해 또 금메달을 땄습니다. 모두 두 개의 금메달을 땄지만 제 가슴에는 태극기 대신 성조기가 있었습니다. 그걸 부끄럽게 생각한 적은 없습니다. 전 그들에게 보여주고 싶었습니다. 한국인이 얼마나 위대하고 훌륭한 민족인지 말입니다."

새미 리의 말이 계속 이어졌다.

"이 자리에 참석한 여러분과 미국에서 이민생활을 하고 있는 모두가 자랑스런 한국인입니다. 제게 이런 뜻깊은 상을 주셔서 정말 감사합니다."

새미 리의 아버지는 독립운동을 했던 이순기이다. 이순기는 미국 선교사가 세운 배재학당에서 서양문물에 눈을 떠 기계공학을 배우려고 1905년 사탕수수농장으로 오는 이민선을 타고 미국으로 왔다. 로스앤젤레스에서 야채가게를 하던 이순기는 1932년 로스앤젤레스 올림픽이 열리기 며칠 전 새벽시장에서 산 야채를 가득 실은 트럭을 몰고 가게로 가다가 로스앤젤레스를 뒤덮은 만국기를 보고 어린 아들 새미에게 말했다.

"한국은 일본 식민지가 돼 없어졌기 때문에 저 많은 깃발에도 태극기는 없는 것이다."

새리는 가슴이 울컥했다. 아버지를 향해 다짐하듯이 말했다.

"꼭 올림픽 챔피언이 돼 한국을 빛내겠어요."

새미는 미국 시민권자여서 두 번 다 가슴에 성조기를 달고 출전했지만 그의 금메달은 어릴 때 자신에게 했던 약속을 지켰다는 표식이었다.

머리가 뜨겁고 가슴이 차가운 사람이 되지 않도록 주의하라. 당신의 마음 속에는 따뜻하고 인정 많은 또다른 당신이 살고 있다. 그 감수성을 흔들어 깨어라.

아무리 보잘 것 없는 것이라 하더라도 한번 약속한 일은 상대방이 감탄할 정도로 정확하게 지켜야 한다. 신용과 체면도 중요하지만 약속을 어기면 그만큼 서로의 믿음이 약해진다. 약속은 꼭 지켜야 한다.

4부
내 것을 훔치도록
마음의 빗장을 풀어라

Good creator copy,
Great creator steal

어리석어 지혜가 없는 사람은 게으름과 방종에 빠지고
생각이 깊은 사람은 부지런함을 가보로 삼는다.
어진 이가 부지런해서 게으름을 물리칠 때
지혜의 높은 다락에 올라 근심하는 무리들을 내려다본다.
마치 산 위에 오른 사람이 지상에 있는 사람들을 내려다보듯.

원하는 것을 사지 말고,
필요로 하는 것은 사라.
필요치 않는 것은 1원이라도 비싼 것이다.

불필요한 것을 사게 되면 필요한 것을 팔게 된다

"집안을 일으킬 자식은 똥도 금같이 아낀다."

《명심보감》에 나오는 말이다. 부자가 될 아이는 사소하고 작은 것이라도 귀히 여기고 아끼고 절약한다는 의미를 담고 있다.

절약이 부자를 만든다. 성공한 부자들의 공통점은 불필요한 지출을 하지 않는 '절약가'라는 것이다. 부자가 되는 길은 돈을 많이 버는 것도 중요하지만 쓸데없는 곳에 돈을 쓰지 않는 게 포인트이다. 르네상스기의 대표적인 인문학자 에라스무스Erasmus는 "검약은 훌륭한 소득이다"고 말했다.

2010년 KBS 드라마 〈부자의 탄생〉이 큰 화제가 된 적이 있다. 극 중에서 탤런트 이보영은 수돗물을 잠그지 않은 직원을 색출하고, 청소기로 같은 곳을 두 번 청소한다거나 햇살이 쏟아지는 복도에 조명등이 켜져 있다면 잔소리를 퍼붓는다.

절약을 몸소 실천하기도 한다. 주유 쿠폰을 모아 자동차 기름값을 아끼고 화장품은 샘플만 이용하며 커피는 100원 싼 일반형 자판기를, 생리대는 날개형보다 싼 일반형을 사용한다.

이해할 수 없다는 상대 배우에게 "재벌이 왜 재벌인줄 알아? 재물에 벌벌 떨어서 재벌이야"라는 명언을 남기기도 했다. 방송이 나가자 이보영의 '짠순이 10계명'이 인터넷에서 큰 화제를 낳기도 했다. 지금 읽어봐도 고개가 끄덕여지는 계명이다.

제1계명 재물에 벌벌 떠는 사람들이 바로 '재벌'이다
제2계명 더치페이는 기본이다.
제3계명 자동차 브레이크는 자주 밟지 않는다.
제4계명 주유 쿠폰과 화장품 샘플 수집은 취미생활이다.
제5계명 100원이 싼 일반형 자판기 커피를 애용한다.
제6계명 생리대 역시 날개형이 아닌 일반형을 사용한다.
제7계명 날씨가 따뜻해지기 전까지 내복은 기본이다.
제8계명 식당에서 밥은 남기지 않고 맛있게 다 먹는다.
제9계명 집안 살림을 꾸리는 집사에게 생각날 때마다 잔소리한다.
제10계명 쇼핑은 재래시장에서, 미용실은 파격할인 동네 헤어숍을 애용한다.

부자들은 1센트의 소중함을 알고 있다

세계적인 갑부이자 월마트의 창업자인 샘 월튼Samuel Walton은 재산이 20조 원이 넘는 갑부 중의 갑부이다. 하지만 작은 돈의 소중함을 아는 절약가이기도 하다. 하루는 샘 월튼을 취재하기 위해 모인 기자들이 그를 실험해 보기로 했다. 샘 월튼이 지나가는 길가에 1센트짜리 동전을 떨어뜨려 놓고는 그의 반응을 보기로 한 것이다.

기다리고 기다리던 순간 샘 월튼이 자동차를 타고 나타났다. 그리고는 차에서 내려 걸어가다 바닥에 있는 동전을 발견하고는 허리를 굽혀 동전을 주웠다. 기자들은 깜짝 놀랐다. 한 선임기자가 그에게 다가와 말했다.

"샘, 그 돈은 사실 우리가 일부러 떨어뜨린 것입니다. 당신이 어떻게 하는지 궁금했습니다. 역시 소문대로 당신은 절약가이군요. 기자들을 대신해 제가 사과하겠소."

샘 월튼이 웃으며 대답했다.

"성공하고 나면 '나는 할 만큼 했다'면서 그것으로 만족하며 게으르게 사는데 그게 바로 망하는 지름길입니다. 나는 돈이 많은 지금도 구멍가게의 점원 시절처럼 허름하지만 편안한 옷차림으로 오래된 픽업트럭을 타고 물건을 직접 사러 다닙니다. 네 명의 자녀들도 수업이 끝나면 매장에서 일을 해야 합니다. 어릴 때는 신문배달을 시켰는데 그건 손자들에게도 똑같이 했습니다. 나는 자녀들과 손자들에게 '게으른 부자라는 소리를 들으면 용서하지 않겠다'라는 말과 함께 1센트의 소중함을 항상 가르치고 있습니다."

그의 말에 장난을 친 기자들은 한동안 고개를 들지 못했다.

작은 구멍이 거대한 배를 침몰시킨다

미국 최고의 부자인 워런 버핏Warren Buffett 도 근검절약하는 것이 몸에 배인 사람이다. 그는 세계에서 두 번째로 돈이 많은 부자지만 10년이 넘은 오래된 차를 직접 몰고 다니는 걸로 유명하다. 한 기자가 그에게 물었다.

"회장님 정도라면 좋은 차에 운전기사를 두고 다녀도 될 텐데 왜 오래된 차를 직접 몰고 다니십니까?"

그러자 워런 버핏이 대답했다.

"나는 부자 아버지를 두지 않았기 때문에 좋은 차를 타고 다닐 수 없습니다."

진정한 부자는 허세를 부리기 위해 돈을 쓰지 않는다. 대신 워런 버핏은 33조 원이 넘는 어마어마한 돈을 사회에 기부했다. 부자들, 특히 자수성가한 사람들은 돈의 미덕과 무서움을 동시에 알고 있는 사람들이다. 처칠은 절약에 대해 이렇게 말했다.

"희망이 없으면 절약도 없다. 우리가 절약하고 아끼는 이유는 무엇인가. 미래를 위해서이다. 미래가 없다면 되는대로 살아갈 것이다. 미래의 건설을 위해서 한 푼이라도 절약하자. 절약하는 마음 밭에 희망이 찾아온다. 절약과 희망은 연인사이니까."

절약해야할 것은 비단 돈뿐만이 아니다. 성공하기 위해서는 무엇보다 시간 절약에 민감하고 익숙해져야 한다. 시간 절약을 하기 위해서는 당신의 24시간을 면밀히 살펴볼 필요가 있다.

사람들은 크게 다음 세 가지 이유로 시간을 낭비한다. 무엇을 해야 할지 모르고 다른 일을 하기를 꺼리고, 중요한 것을 희생하면서 사소한 것에 매달리는 것이다. 이렇게 시간을 낭비하는 사람과 반대로 꼼꼼하게 시간계획을 세우고 실천하는 사람과는 큰 차이가 난다.

시간을 절약하기 위해서는 먼저 자신의 머릿속에 스케줄표가 있어야 한다. 그리고 자신의 주변을 어지럽히지 말아야 한다. 항상 정리정돈을 하고 필요할 때 찾아볼 수 있도록 주위를 세팅해야 한다.

미국의 시인이자 퓰리처상을 수상한 칼 샌드버그Carl Sandburg는 시간의 중요성에 대해 이렇게 말했다.

"시간은 인생의 동전이다. 시간은 네가 가진 유일한 동전이고, 그 동전을 어디에 쓸지는 너만이 결정할 수 있다. 네 대신 타인이 그 동전을 써버리지 않도록 주의하라."

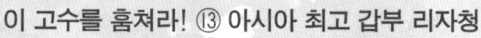 이 고수를 훔쳐라! ⑬ 아시아 최고 갑부 리자청

돈은 쓰는 것이지만 낭비해서는 안된다

"홍콩에서 1달러를 쓰면 그 중 5센트는 리자청의 주머니 속으로 들어간다."

미국 〈포브스〉지가 선정한 '아시아 최고의 갑부 순위'에서 수년 연속 1위를 차지하고 세계 10대 부자 가운데 한 명으로 손꼽히는 홍콩의 장강그룹 회장 리자청李嘉誠의 재산은 240억 달러다. 이건희 삼성 회장의 재산은 28억 달러로 리자청 앞에서는 명함도 못 내밀 정도다.

리자청이 이룩한 부의 규모는 엄청나다. 홍콩 상장기업 4분의 1이 그의 소유이며 최근에는 페이스북 투자로 대박을 터뜨렸다. 2007년부터 4억 5000만 달러를 투자해 3%의 지분을 확보한 것으로 알려져 있는데 페이스북의 주가가 고공행진을 하며 기업가치가 1000억달러에 이르자 그의 보유 주식액이 30억 달러에 이르게 된 것이다.

다른 사람이 여덟 시간을 일하면 나는 열여섯 시간을 일한다

리자청은 금숟가락을 입에 물고 태어난 부자가 아니었다. 그는 1928년 광둥 성 차오저우(柳州)에서 태어났다. 아버지는 초등학교 교장을 지냈지만 그리 넉넉한 살림이 아니었다. 1939년 일본이 중국을 침략하자 리자청의 아버지는 가족을 데리고 홍콩으로 이주해 외숙의 집에 얹혀 살았다.

2년 뒤 리자청의 아버지는 병으로 세상을 떠났고 가정 형편이 어려워진 그는 학업을 포기하고 일을 하기로 결심했다. 하루는 외숙이 리자청을 불렀다.

"너는 공부를 계속하거라."

"아버지도 돌아가신 마당에 공부가 무슨 소용 있겠어요. 전 돈을 벌겠어요."

"넌 이제 겨우 열네 살이란다. 돈은 나중에 벌어도 돼."

"외숙님, 돈을 벌면서 공부를 하겠습니다. 도와주세요."

리자청은 외숙이 운영하는 손목시계 제조회사에서 청소를 하고 차를 끊이는 보조원으로 일했다. 이 회사에서 가장 먼저 가게에 나오고 가장 늦게 퇴근하는 사람이 바로 리자청이었다. 그는 이곳에서 3년을 일한 뒤 17세가 되던 해 철물과 플라스틱을 제조하는 회사에 들어가 영업사원으로 근무했다. 특유의 성실함과 노력으로 뛰어난 영업실적을 올려 18세에 과장으로 승진했고 2년 뒤에는 사장이 되었다.

1950년 리자청은 자신의 회사를 설립했다. 7천 달러를 투자해 장강 플라스틱공장을 세운 그는 당시 중요한 수출상품이었던 플라스틱 조화(造花) 판매에 나섰다.

"처음 10년 동안은 1주일 내내 휴일 없이 일했고, 매일 최소한 16시간을 작업해야 했다. 밤에는 또 공부를 했다. 뿐만 아니라 종업원이 부족해 판매와 수금도 내가 직접 해야 했다. 항상 잠이 모자라 아침에는 자명종 소리를 듣고서야 비로소 일어날 수 있었다. 참으로 견디기 어려운 시절이었다."

리자청은 플라스틱 조화를 팔아 수많은 돈을 벌었고 그의 회사는 세계 최대의 플라스틱 조화 생산회사가 되었다. 그에게는 '플라스틱 조화 대왕'이라는 칭호가 붙여졌다. 리자청은 이후 부동산회사를 설립하면서 상권을 확대해나갔으며 신용과 부지런함을 밑바탕으로 오늘날 같은 거대 기업으로 성장했다.

부자가 되기 전에 먼저 인간이 되어라

리자청은 자신의 성공에 대해 이렇게 밝힌 적이 있다.

"스무 살 이전에 이룬 성공은 100퍼센트 두 손을 이용해 노력으로 얻은 것이고 스무 살에서 서른 살까지 이룬 성공은 사업 기반을 어느 정도 갖추면서 10퍼센트의 행운과 90퍼센트의 노력으로 얻은 것이며, 서른 살 이후에는 기회의 비중이 커져서 현재는 30~40퍼센트의 행운에 의존하고 있다."

돈에 대한 5가지 철학도 유명하다.

1. 돈의 노예가 되지 마라.
2. 돈은 자연스럽게 벌어라.
3. 돈이 모든 것을 해결할 수 있다고 생각하지 마라.
4. 돈을 버는 최고의 재주는 참을성과 인내심이다.
5. 자신에게는 인색하게, 남에게는 후하게 돈을 써라.

가난한 집에서 태어나 아시아 최고의 갑부가 되었고 〈타임〉지와 〈포브스〉의 표지를 장식한 큰 인물이 되었지만 리자청은 누구보다 근검절약하기로 유명하다. 늘 저가의 검정색 양복만을 입고 다니며 그마저도 낡았다. 회사에서 직원들과 같이 급식대 앞에 줄을 서서 밥을 먹고 공장에 가서는 노동자들이 먹는 것과 똑같은 도시락을 먹는다. 결혼 전에 사들인 양옥 저택은 현재까지도 그의 안식처로 사용되고 있으며 수십 년째 70만 원 정도의 월급을 받는다. 술이나 담배, 도박을 절대 하지 않는데 어려웠던 시절 몸에 밴 검소한 습관이 남아서이다.

이러한 리자청의 근검절약 정신은 두 아들에게도 그대로 전해졌다. 자녀들은 미국 유학 시절 갑부의 아들이란 사실을 드러낸 적이 없다. 그들은 맥도날드에서 아르바이트를 하고 골프연습장에서 공 줍는 일을 하면서 학비를 보탰다.

"이건 너희들 돈이 아니다. 네 학비는 스스로 벌어라."

그리고 이렇게 말했다.

"먼저 인간이 돼라. 내 사업을 이으려면 우선 돈의 의미를 제대로 알아야 한다. 그리고 무엇보다 예의바르고 겸손해야 한다. 이 점을 늘 명심하거라."

현재 리자청의 두 아들은 홍콩 뿐만 아니라 세계를 좌지우지하는 거상으로 우뚝 서 있다.

돈은 쓰는 것이다. 그러나 낭비해서는 안된다

근검절약과 관련된 리자청의 유명한 일화가 있다.

어느 날 리자청이 출근하기 위해 차에 오르려는 순간 옷에서 동전 하나가 길가 하수구로 굴러 떨어졌다.

"어서 저 돈을 찾아오게."

잠시 후 비서가 동전을 찾아왔다.

"수고했네. 자, 이건 동전을 찾은 상금일세."

비서는 어리둥절한 표정으로 상금을 받아들었다. 상금은 무려 100달러였다.

'1달러 동전을 찾았는데 100달러를 상금으로 주다니.'

이 일화에 대해 한 기자가 물었을 때 리자청은 이렇게 대답했다.

"만약 내가 동전을 줍지 않았다면 하수구로 굴러 떨어져 곧 세상에서 사라지게 될 것입니다. 돈은 사용되어야 낭비해서는 안됩니다. 내 돈이라면 단돈 1달러를 떨어뜨려도 반드시 줍습니다. 하지만 내 돈이 아니라면 누군가 1천 달러를 내 집 앞에 놔둬도 절대 손대지 않습니다."

부자들은 쓸데없는 곳에 돈을 쓰지 않는다. 하지만 필요하다고 생각되는 곳에는 돈을 아끼지 않는다.

리자청은 1980년 리자청기금회라는 기부재단을 설립했다. 2012년 현재까지 기부 또는 기부를 확정한 액수는 무려 9000억 원에 이른다. 기부금의 대부분은 교육과 의료사업에 쓰였다. '노블레스 오블리주'를 실천하는 대표적인 중국인인 것이다. 이 같은 행적으로 리차청에게는 과거 황제를 부를 때나 사용하던 최고의 극존칭인 '따꿔'大君이라는 애칭이 자연스레 따라붙는다.

가진 게 없다면 부지런함으로 승부하라. 부지런하면 부족함을 메울 수 있다. 찻집 종업원으로 사회생활을 시작한 리자청은 부지런함으로 종자돈을 마련했고 사람들에게 신뢰를 얻었다.

무슨 일을 시작하든 된다는 확신 90퍼센트와
반드시 되게 할 수 있다는 자신감 10퍼센트 외에
안될 수도 있다는 불안은 1퍼센트도 갖지 않는다.

부지런한 농사꾼에게
나쁜 땅은 없다

　캐릭터 영화의 전형을 보여준 〈넘버 3〉. 이 영화의 주인공은 최민식과 한석규이지만 주연을 압도하는 재떨이, 랭보, 두목 부인 등의 조연이 대거 등장한다. 특히 현정화와 임춘애의 이름을 헷갈리는 송강호는 부하들에게 한바탕 린치를 가한 후 한국영화사에 길이 남을 명언을 던진다.
　"잠자는 개한테 결코 햇빛은 비추지 않아!"
　영화에서 송강호는 부지런한 조폭의 대명사처럼 등장한다. 부하들과 함께 산에서 뱀과 칡뿌리를 먹으며 지옥훈련을 하고 밤에는 '최배달' 최영의를 비롯한 협객들의 강의가 이어진다. 철저한 준비로 복수를 결심하지만 결국 엉뚱한 사건에 휘말려 실패한다.

송강호의 실패와 비극이 더욱 코믹스럽게 느껴지는 것은 누구보다 부지런했고 철저하게 준비했다는 것을 관객들은 알기 때문이다. 하지만 2%가 부족했다. 마냥 부지런하기만 했지 요령이 없었다고나 할까? 복수를 목전에 두고 자멸하는 과정이 짙은 페이소스를 느끼게 한다. 여하튼 보면 볼수록 재미있는 풍자영화인 것만은 분명하다.

게으름에 빠져 있을 때는 게으름을 알지 못한다

성공한 사람치고 게으른 사람은 없다. 게으름도 일종의 습관이다. 러시아의 문호 레오 톨스토이는 "게으른 자의 머릿 속은 악마가 살기에 가장 좋은 곳이다"고 했다. 귀차니즘도 게으름의 일종이다. 오늘 일을 하루하루 미루게 되면 결국 해결할 문제가 산적하게 된다. 게으름뱅이는 시간을 낭비하는 것이 아니라 결국 자신과 인생을 낭비하는 것이다.

18세기 실학사상을 집대성한 한국 최대의 실학자이자 개혁가인 다산 정약용. 그가 허름한 주막집에 머물고 있을 때 어린 소년이 찾아왔다. 열심히 공부해서 훌륭한 사람이 되라고 덕담을 건네자 소년이 머뭇거리면서 말했다.

"제게는 세 가지 부족한 게 있습니다. 첫째는 둔한 것이요, 둘째는 막힌 것이며 셋째는 답답한 것입니다."

다산이 대답했다.

"끝이 둔하면 구멍 뚫기는 힘들어도 일단 뚫고 나면 웬만해선 막히지 않는 큰 구멍이 뚫리는 법이지. 게다가 꽉 막혔다가 뻥 뚫리면 거칠 것이 없다. 또 흐릿한 것을 닦고 또 닦으면 마침내 그 광채가 눈부시게 될게야."

"그러면 어떻게 해야합니까?"

"첫째도 부지런함이요 둘째도 부지런함이요 셋째도 부지런함이다. 너는 평생 부지런함이라는 글자를 결코 잊지 않도록 하거라."

유명한 삼근계三勤戒가 여기에서 나왔다.

소년은 다시 물었다.

"어떻게 하면 부지런할 수 있습니까?"

다산은 웃으면서 대답했다.

"네 마음을 다잡아서 딴 곳으로 달아나지 않도록 꼭 붙들어 매야 한다. 그렇게 할 수 있겠느냐?"

"네, 선생님 말씀을 가슴에 새기고 또 새기겠습니다."

훗날 이 소년은 정약용의 애제자가 되는 황상이다. 양반이 아니어서 과거를 볼 수 없는 신분이었지만 학문을 갈고 닦아 《치원유고》와 《임술기壬戌記》를 후세에 남겼다. 황상이 부지런함을 인생 제1의 목표로 삼았음은 물론이다.

부지런한 사람에게 좋은 운이 온다

현대그룹 창업자 정주영 회장의 부모님은 가난한 빈농이었지만 부지런한 농사꾼이었다. 그러한 부모님에게 교훈을 받아 기업 경영에 있어서도 그는 부지런함을 유독 강조했다.

"부지런한 사람에게 좋은 운이 온다."

한 평, 한 평 땅을 일구던 아버지를 본받아 후에 서산 간척사업의 직접적인 동기가 되기도 했다. 또한 척박한 땅을 개간하는 경험을 통해 흙의 소중함을 깨달았다. 어떠한 일을 할 때는 반드시 땀을 흘리며 열심히 해야만 노력에 대한 대가를 얻을 수 있다는 것도 알았다. 정 회장은 서산 간척지를 개간할 때 주로 헬리콥터를 이용했다. 그는 밥 먹는 시간이 아까워 밥에 물을 말아 새우젓과 함께 5분 만에 뚝딱 식사를 마치곤 했다.

"배에 들어가면 다 똑같다."

정주영 회장의 이런 부지런함은 1988년 이른바 '소떼 방문'으로 결실을 맺는다. 그가 직접 소 1001마리를 직접 몰고 북한을 방문한 이 역사적인 사건은 미국의 뉴스 채널 CNN에서 생중계 되었으며 외신들은 지구상에서 유일한 분단국가인 남북한이 최초로 휴전선을 개방했다고 보도했다. 이른바 '황소외교'의 출현이었다. 정주영은 언론을 향해 이렇게 말했다.

"어릴 적 가난이 싫어 소 판 돈을 갖고 무작정 상경한 적이 있습니다. 그후 저는 소를 성실과 부지런함의 상징으로 삼고 인생을 걸어왔습니다. 이제 그 한 마리가 천 마리의 소가 되어 그 빚을 갚으러 꿈에 그리던 고향산천을 찾아갑니다. 이번 방북이 단지 한 개인의 고향방문을 넘어 남북간의 화해와 평화를 이루는 초석이 되길 진심으로 바랍니다."

원래 소는 천 마리였다고 한다.

하지만 한 마리를 추가함으로써 나중에도 지속적으로 지원을 하겠다는 의지를 나타낸 것이다. 평화통일에 기여하려는 그의 애국심을 엿볼 수 있는 대목이다.

더욱 감동적인 것은 소가 1001마리가 아니었다는 사실이다. 정주영은 북한에 조금이라도 도움을 주고 싶어 했다. 그래서 소떼에 상당수의 임산한 소들을 포함시켜 보냈다.

정주영 회장은 이렇게 말했다.

"나는 새벽 일찍 일어난다. 왜 일찍 일어나느냐 하면 그냥 내일 할 일이 즐거워서 기대와 흥분으로 마음이 설레기 때문이다. 또 밤에는 항상 숙면할 준비를 갖추고 잠자리에 든다. 날이 밝을 때 일을 즐겁고 힘차게 해치워야겠다는 생각 때문이다. 내가 이렇게 행복감을 느끼면서 살 수 있는 것은 이 세상을 아름답고 밝게, 희망적으로, 긍정적으로 보기 때문에 가능한 것이다."

정주영 회장의 리더십은 성실과 신용, 실천으로 요약된다. 이같은 그의 정신이 사후 10년이 지났음에도 끊임없이 복기되고 회자되는 이유이다.

"작은 일에 성실한 사람은 큰일에도 성실하다. 작은 일을 소홀히 하는 사람은 큰일을 할 수 없다. 작은 일에도 최선을 다하는 사람은 큰일에도 전력을 다한다. (…) 나는 생명이 있는 한 실패는 없다고 생각한다. 내가 살아 있고 건강한 한 나한테 시련은 있을지언정 실패는 없다."

특히 정주영은 한번 사람을 신임하면 절대 버리지 않았으며, 언젠가 반드시 중용했다. 사람을 보는 눈이 좋아 능력에 맞는 인물을 적재적소에 활용할 줄도 알았다. 그래서 그의 주위에는 따르는 사람이 많았고 그를 위해 '충성'을 다했다. 무엇보다 부지런한 사람을 우선적으로 눈여겨봤다.

부지런한 사람은 자신이 떠들고 다니지 않아도 누군가가 지켜보기 마련이다. 그리고 땀과 노력은 결코 배신하지 않는다는 것을 그 누구보다 잘 알고 있다.

《법구경》에는 부지런함과 관련한 유명한 구절이 나온다.

어리석어 지혜가 없는 사람은 게으름과 방종에 빠지고
생각이 깊은 사람은 부지런함을 가보로 삼는다.
어진 이가 부지런해서 게으름을 물리칠 때
지혜의 높은 다락에 올라 근심하는 무리들을 내려다본다.
마치 산 위에 오른 사람이 지상에 있는 사람들을 내려다보듯.

부지런함을 즐기고 게으름을 두려워하는 수행자는
크고 작은 온갖 속박을 불같이 태우면서 나아간다.
부지런함을 즐기고 게으름을 두려워하는 수행자는
어느새 열반의 경지에 이르러
결코 물러나는 법이 없다.

아침 일찍 일어나서 하루를 준비하는 습관을 만들어라. 잠자리에 들 때 다음날 할 일이 즐거워 기대와 흥분으로 마음이 설레인다면 당신은 성공의 궤도에 진입한 것이다.

이 고수를 훔쳐라! ⑭ CNN 앵커 앤더슨 쿠퍼

유일무이한 존재가 되려면 늘 달라야 한다

"오 마이 갓!"

2010년 1월 12일 정오. 관측사상 최고 강도의 지진이 세계 최빈국 중의 하나인 아이티를 덮쳤다. 수도 로프토프랭스의 대부분이 초토화되었고 사망자와 부상자가 각각 25만 명, 100여만 명의 이재민이 발생했다. 수많은 정부 청사와 공공건물, 병원 등이 피해를 입으면서 사회기반시설도 대부분 파괴되었다.

"이제 아이티는 끝이야."

아이티 국민은 절망에 빠졌다. 하지만 이 참혹한 재해 앞에 세계의 온정이 이어졌다. 많은 유명인이 구호활동에 기부를 했으며 레오나르도 디카프리오는 100만 달러를 기부했다. 스티븐 스필버그 감독과 배우 멜 깁슨, 줄리아 로버츠, 리즈 위더스푼 등은 자원봉사에 참여했다. 마돈나, 제이지, 리한나, 보노, 디 에지 등의 가수들이 현지에 날아가 공연을 펼쳤고, 브루스 스프링스턴은 〈우리는 극복하리라〉We Shall Overcome 라는 민권 운동을 상징하는 노래를 통해 희망을 전했다.

"우리 승리하리라, 우리 승리하리라, 언젠가는 반드시 승리하리라. 그대여, 내 마음 속 깊이, 나는 믿네, 우리 반드시 승리하리라. 손에 손을 잡고, 우리 행진하려네, 우리 언젠가는 반드시 서로의 손을 잡고 나아가려네. 그대여, 내 마음 속 깊이, 나는 믿네, 우리 언제가는 반드시 함께 손을 잡고 나아가리라."

세상의 끝에는 항상 내가 있다

현장에는 언제나처럼 CNN의 간판 앵커 앤더슨 쿠퍼Anderson Cooper가 있었다. 그는 아이티 현지에서 실시간으로 생생한 현장을 세계에 전했다. 지진이 할퀴고 간 현장은 참혹 그 자체였다. 그곳에는 세계 각지의 기자들이 몰려왔지만 이성을 잃고 제대로 취재를 하지 못했다.

"이렇게 참혹할 수가."
"여긴 지옥이야. 오 하나님!"
"이 가난한 나라에 이런 재앙을 주시다니!"

CNN의 한 여성 앵커는 소식을 전하는 도중 눈물을 흘려 뉴스가 잠시 중단되기도 했다. 이런 아비규환 속에서 앤더슨 쿠퍼는 생존자들을 찾아다니며 인터뷰했다. 바로 그때 한 소년이 그의 눈에 들어왔다.

"이런 젠장. 저기 저 아이가 피를 흘리고 있잖아."

앤더슨 쿠퍼는 약탈 군중이 던진 콘크리트에 머리를 맞아 피를 흘리는 소년을 목격했다.

"얼른 나를 따라 와!"

쿠퍼가 카메라맨을 향해 소리쳤다. 그는 마이크를 던지고 그 소년에게 달려가 몸을 감싸고 구출해 냈다. 이 장면은 카메라를 통해 전 세계에 전파를 탔다.

"역시 앤더슨 쿠퍼네!"

"죽음의 현장에는 늘 쿠퍼가 있구만."

시청자들은 그의 모습에 가슴이 뭉클했다. 아비규환의 현장 속에서 위험을 무릅쓴 채 피투성이가 된 소년을 구해낸 남자. 전세계를 감동시킨 앤더슨 쿠퍼는 이 장면을 통해 왜 그가 미국에서 가장 영향력 있는 언론인이자 미국인이 가장 신뢰하는 저널리스트로 손꼽히고 있는지를 확인시켜줬다.

앤더슨 쿠퍼는 쓰나미가 덮친 스리랑카를 비롯하여 내전과 전쟁으로 신음하는 소말리아, 보스니아, 이라크 등 15년간 지구촌의 참혹한 현장이라면 어디든 달려갔다. 그는 자신의 저서에서 이렇게 말했다.

"전장에서 두려움을 느끼지 않는다고 말하는 사람은 바보이거나 거짓말쟁이, 아니면 둘 다 일 것이다. 전장을 많이 다닌 사람일수록, 사람이 얼마나 쉽게 죽을 수 있는지 잘 알 것이다. 영화와는 차원이 다르다. 슬로우 모션으로 쓰러지는 일도, 사랑하는 사람의 이름을 부르는 일도 없다. 그냥 사람들이 죽어가고 세상은 여전히 돌아간다. (…) 아무도 그들의 죽음을 기억해 주지 않는다는 사실. 그들의 생애, 사소한 다툼, 그들이 느꼈던 기쁨, 그 모든 것들이 갈기갈기 찢겨져 길가의 시체로 나뒹굴고 있다. 그들은, 한마디로, 사라져 버린 것이다."

금수저를 물고 태어났지만 고난의 길을 선택하다

앤더슨 쿠퍼는 미국의 철도왕 반더빌트 가문에서 태어난 재벌 3세이다. 그야말로 '금수저를 입에 물고 태어난 아이'이자 소위 엄친아였지만 뉴욕에서의 안락한 삶을 살기보다는 세계 곳곳의 치열한 현장을 온몸으로 부딪히고 경험하는 길을 선택했다. 그의 집은 부유했지만 가족사는 불행했다. 열 살 때 아버지가 심장병으로 사망했고, 형은 어머니가 보는 앞에서 투신자살했다. 이 충격적인 사실은 그가 2011년 자신의 어머니인 글로리아 반더빌트와 인터뷰한 자리에서 밝혀졌다.

"너무 순간적이었지. 내가 뛰쳐나가 잡으려 하는 순간, 네 형은 떨어졌단다."

어머니는 그때의 악몽이 떠오르는지 몸서리를 치며 말했다. 앤더슨 쿠퍼의 두 눈에서 쉴새 없이 눈물이 흘렀다. 전직 패션 디자이너였던 어머니의 말이 계속 이어졌다.

"뉴욕의 14층 아파트였지. 나도 같이 뛰어내리려고 했다. 마음을 먹고 창가로 다가갔지. 하지만 거기서 멈췄어."

"무서웠나요?"

"아니. 그때 네 얼굴이 생각나더구나. 앤더슨, 내가 멈춘 것은 너 때문이었어."

형의 자살로 그는 기자들에게 끊임없이 시달렸으며 우울증과 대인기피증을 앓았다. 하지만 이 사건은 아이러니하게도 그를 기자의 길로 들어서게 한 계기가 되었다.

"나는 지금까지 언론인으로 일하면서 세계 최악의 상황을 주로 보도했다. 내가 셀 수 있는 것보다 더 많은 시신을 보았으며, 기억할 수 있는 것보다 더 많은 공포와 증오를 목격했다."

국내 여자 앵커의 대명사인 백지연. 자신의 이름을 내건 프로그램을 진행하고 베스트셀러작가이기도 한 그녀는 한 인터뷰에서 앤더슨 쿠퍼를 인터뷰하고 싶은 섭외 대상 1호로 꼽았다. 인터뷰를 업으로 삼는 사람을 섭외해 인터뷰이가 되게 만드는 것은 누가 봐도 꿈에 불과했다. 하지만 백지연의 끈질긴 요청에 앤더슨 쿠퍼는 국내 TV 최초로 카메라에 섰다. 그리고 이 역사적인 인터뷰는 2011년 〈백지연의 피플인사이드〉로 통해 전파를 탔다. 인터뷰 중간에 백지연이 물었다.

"행복이 뭐라고 생각하십니까?"

"의미 있는 일을 하고 제 자신 본연의 모습일 때와 새로운 것들을 배울 때가 가장 행복한 것 같습니다. 그리고 성취감과 목표의식이 있다는 거죠. 아침에 일어나서 어디로 갈지 모르는 것, 저는 그게 좋아요. 그런 모험이 좋아요."

저널리스트로서 꿈을 찾는 젊은이들을 위한 조언도 아끼지 않았다.

"성공을 이루는데 가장 중요한 것은 무엇이 자신의 심장을 뛰게 하는지 발견해 내는 일입니다. 나는 주말에 일을 하면서도 일 역시 나 자신의 연장선이라고 느낍니다."

전세계 2백 5십만 명의 팔로워를 거느리고 있는 앤더슨의 트위터 andersoncooper에 접속하면 그의 성실성을 엿볼 수 있다. 하루도 거르지 않고 수시로 소식을 전하는 그는 이 시대 진정한 저널리스트이다.

큰 부자는 하늘에 달려 있고 작은 부자는 부지런함에 달려 있다. 꿈은 매일 꿀 수 있지만 그것을 현실로 실현시키는 것은 오직 자신의 부지런함에 달려 있다.

유대인들은 자녀를 남보다 뛰어나게 키우지 않고
남과 다르게 자랄 수 있도록 가르친다.
지능이 아니라 개성을 잘 발휘하고 살 때
행복한 삶을 살 수 있음을 알기 때문이다.
1%만 어제와 다르게,
1%만 남과 다르게 실행해 보자.

평범한 것에 자신만의
이름표를 붙여라

    레오 톨스토이의 유명한 단편 소설 《이반 일리치의 죽음》의 2장 첫 행은 이렇게 시작된다.
    "이반 일리치의 삶에 대한 이야기는 단순하고 가장 평범하며 그럼으로써 가장 끔찍한 이야기이다."
    톨스토이는 평범한 삶을 살아가는 것을 끔찍한 것으로 정의하고 있다. 대부분의 사람은 평범하게 산다. 평범과 비범의 차이는 무엇일까? 사전은 평범을 '뛰어나거나 색다른 점이 없이 보통이다'고 정의하고, 비범은 '보통 수준보다 훨씬 뛰어나다'고 정의하고 있다. 흔히 평범한 사람이 평생을 노력해도 따라잡을 수 없는 재능을 비범이라고 한다.

"평범함 속에 세상 진리가 있다."

"인생은 둥글둥글하게 살아야 한다."

옛 어른들은 자녀들이 그저 마음 편안하고 행복하게 좋은 성품으로 자랐으면 하는 바람이 있다. 하지만 세상은 비범한 자를 원한다. 그리고 비범한 사람이 세상을 바꿀 수 있다고 믿고 있다. 평범하게 살 것인가 비범하게 살 것인가는 개개인의 몫이고 가치관에 따라 다르다. 하지만 비범함을 훔치는 순간 인생은 180도로 달라진다.

현실은 평범해도 비범하게 살아야 한다

2008년 싱글 앨범 〈Just Dance〉로 데뷔한 레이디 가가Lady GaGa는 특이한 무대의상과 파격적인 무대 퍼포먼스로 유명하다. 2012년 4월 잠실종합운동장에서 콘서트를 가지기 위해 입국했을 때도 가슴이 반쯤 노출된 하얀 원피스에 황금가면을 쓰고 등장해 신선한 충격을 주었다. 그리고 콘서트장에서 그녀가 등장했을 때 사람들은 입을 다물지 못했다. 생고기로 만든 드레스를 입고 나왔기 때문이다. 한동안 외신을 통해 전해 들었던 그 문제의 의상이었다.

"저런 옷을 소화할 수 있다니!"

"정말 파격적이다. 상상이 안 된다."

선정적인 안무와 연이어 선보인 파격적인 의상으로 논란이 되었지만 대대적인 흥행을 기록했다.

재미있는 것은 내한공연을 마친 후의 모습이었다. 트위터 팔로워가 2천만 명이 넘을 정도로 세계적인 파워블로거인 그녀가 한 장의 사진을 올린 것이다. 그 사진은 민낯이었다. 화장을 전혀 하지 않은 레이디 가가의 모습에 한국 네티즌들은 '화장 지우니 평범한 아가씨 같다', '청순하고 보호본능을 일으키는 민낯'이라는 반응을 보였다. 파격적인 화장과 의상은 온데간데 없었다. 매순간 평범을 거부하며 자신만의 스타일을 뽐내던 레이디 가가. 무대가 아닌 곳에서 그녀는 그저 평범한 이십대 중반의 아가씨였을 뿐이다. 레이디 가가는 일상생활에서는 지극히 평범하게 살고, 자신의 무대에서는 누구보다 비범하고 색다르게 자신을 표현했다. 레이디 가가는 이렇게 말했다.

"너희는 내가 남들과 다르다는 이유로 비웃지만 난 너희가 남들과 똑같다는 이유로 비웃는다."

존 스탁턴 John Stockton 은 185cm, 80kg의 농구선수로는 볼품없는 신체 조건을 갖췄다. 신인왕은 물론 루키 팀에 조차 뽑히지 못했으며, NBA 우승도 하지 못했다. 딸 둘과 아들 넷을 둔 독실한 카톨릭 신자인 그는 그 흔한 스캔들조차 일으키지 않았다. 외모 역시 평범 그 자체였다. 그럼에도 불구하고 존 스탁턴은 NBA에서 무려 19시즌을 한 팀에서 뛰었다. 또한 올스타에 10번이나 선정되며 팬들의 사랑을 한몸에 받았다. 유타 팬들을 넘어서 전 세계의 농구 팬들이 평범의 극치인 이 남자를 사랑할 수밖에 없었던 이유는 그가 평범한 조건으로 비범을 뛰어넘었기 때문이다. 존 스탁턴과 함께 선수생활을 했던 칼 말론 Karl Malone 은 그의 은퇴소식을 듣고 이렇게 말했다.

"존이란 위대한 가드와 같이 뛰었던 18년은 정말 행복했습니다. 나는 그를 정말 사랑하지만 이 순간만큼은 죽여버리고 싶습니다."

평범한 꿈은 평범한 인생을, 비범한 꿈은 비범한 인생을 만든다

평범이란 호랑이가 죽어 가죽을 남기는 것이다. 하지만 호랑이도 이름을 남길 줄 알아야 비범함의 경지에 올라설 수 있다. 그렇다면 비범한 인생이란 어떤 것일까? 단순히 남보다 튀거나 독특하면 되는 것일까? 남들이 걸어가지 않은 길을 무작정 걷기만 하면 되는 것일까? 어떻게 하면 평범을 넘어 비범한 인생을 개척할 수 있을까? 비범한 꿈과 행복을 찾을 수 있는 방법이 없을까? 이 물음의 해답은 로버트 그린의 명저《전쟁의 기술》에서 찾을 수 있다.

"손자와 고대 중국에 있어 평범함을 기반으로 하지 않은 비범함은 아무런 효과가 없었다. 이 두가지를 적절히 섞어 적군이 예상하는 평범한 책략과 익숙한 패턴을 보여야 한다. 적이 그러한 전략에 푹 빠져 있는 동안 당신은 비범함으로 그들을 일격에 내리치면서 완전히 새로운 각도에서 놀라운 힘을 보여주어야 한다. 하지만 적군을 혼란에 빠뜨리는 비정규전 전략은 두세 번 반복하다 보면 결국 정규전 전략이 되어 버린다. 약삭 빠른 장군이라면 이럴 경우 과거 사용했던 정규전 전략으로 돌아갈 것이다. 이것이야말로 적군의 허를 찌르는 전략일 것이기 때문이다. 평범과 비범은 서로 지속적인 연쇄작용을 통해 효과를 발휘한다."

이 구절은 중요한 의미를 내포하고 있다. 즉 비범함이란 평범함이라는 기초 위에 세워진다는 것이다. 둘의 관계가 상호대립적인 것이 아니라 상호보완적이라는 의미이다. 또한 평범에 익숙해진 사람들에게 자신만의 전략과 무기로 일격을 가할 때 비로소 비범이 된다는 것이다. 비범이라고 일컫는 것 또한 사람들에게 익숙해지면 평범이 된다는 것이다. 결국 비범함이란 남들과의 차별화를 끊임없이 모색하는 과정이라는 것이다. 정말 종이 한 장 차이이지만 그 속뜻은 결코 만만치 않다. 무엇보다 평범하지 않고 비범한 꿈을 꾸어야 한다. 그래야 자신의 인생도 비범한 인생으로 전환된다.

평범에서 비범으로 이동하라. 남과 다르게 생각하고 행동하라. 그리고 행동으로 옮겨라. 평범한 사람과 평범하고 지루한 세상을 향해 당신만의 비범함으로 일격을 가하라.

이 고수를 훔쳐라! ⑮ 무용가 마사 그레이엄

세상의 유일한 죄악은 평범해지는 것이다

2011년 5월 11일. 세계적인 검색사이트 구글의 첫 화면에 한 여성 캐릭터가 등장했다. 그 캐릭터는 이리저리 춤을 추며 구글 로고를 그렸다. 네티즌들은 이 신선한 로고에 찬사를 보냈고 그 주인공에 대해 궁금해 했다. 그는 다름아닌 '현대 무용의 역사' 혹은 '현대 무용의 개척자'로 불리는 마사 그레이엄Martha Graham이었다. 그녀의 탄생 117년을 기념하기 위해 구글이 마련한 깜짝 이벤트였다.

무용은 아름답고 우아해야 한다는 고정관념을 거부하고 새로운 틀을 만들어 무용을 종합 예술로 끌어올린 마사 그레이엄. 그녀는 고전 발레에 묶인 추상적이고 보편적인 기존 무용에서 벗어나 '수축과 이

완'으로 요약되는 격렬하고 날카로운 몸짓을 선보였다. 미국 개척자들의 이야기, 고대 그리스 신화, 낯선 종교에 대한 두려움 등 모든 것이 마사 그레이엄 무용의 소재가 되었다.

"시대를 초월해서 인간이 춤에 매력을 느끼는 이유는 춤을 우리 삶을 극복하는 상징으로 받아들였기 때문이다."

70살이 넘어서도 무대 위에서 춤을 추고 평생 200편에 가까운 많은 작품을 만들어낸 마사 그레이엄이 20세기 현대 무용에 미친 영향은 미술계의 파블로 피카소에 비견되기도 한다.

우리의 몸은 신성한 옷이다

1894년에 피츠버그에서 태어난 마사 그레이엄은 학창 시절 〈올리비와 황금〉이라는 문예지의 편집자로 활동했으며 학생들이 제작한 연극〈아이네아스〉에서 여왕 디도의 역할을 맡기도 했다. 농구를 즐겼으며 단편 소설과 2막짜리 연극을 쓰기도 했다.

마사 그레이엄의 인생을 송두리째 바꿔 놓은 것은 한 장의 포스터였다. 1911년 4월 로스앤젤레스 오페라 하우스에서 선보일 세인트 데니스라는 무용가의 공연을 알리는 포스터를 본 그녀는 큰 충격을 받았다. 힌두교의 주신 크리슈나의 연인 라다로 분한 세인트 데니스의 모습이 한 소녀의 마음 깊은 곳으로 들어오는 순간이었다.

"아빠, 저 공연이 보고 싶어요."

"그래. 오랜만에 우리 딸과 데이트 좀 할까."

아빠는 마사 그레이엄의 손을 잡고 공연장으로 갔다. 공연은 마사 그레이엄의 혼을 쏙 빼놓았다. 다양한 여신의 모습으로 등장하여 홀로 춤추며 무대를 휘어잡는 매혹적인 세인트 데니스의 표정과 몸짓은 어린 그녀를 감동시키기에 충분했다. 그녀는 자신의 내부에서 춤꾼으로서의 기질과 재능이 더 이상 참지 못하고 터져 나오는 것을 느꼈다.

"그 순간 내 운명은 결정되었다. 나는 여신처럼 춤추는 법을 배우고 싶었다. 더 이상 기다릴 수 없었다."

몇 년 후, 마사 그레이엄은 스물 두 살이라는 무용가로서는 너무 늦은 나이에 춤을 배우기 시작했다. 그리고 신속하게 자신의 분야를 마스터해 나갔다. 그녀는 정상에 올랐고, 아무도 그녀를 막지 못했다. 마사 그레이엄은 단호하게 자신만의 길을 갔다.

마사 그레이엄은 고전 발레의 딱딱한 형식에서 벗어나 격식에 구애되지 않는 자유롭고 다양한 표현기법을 개발해냈다. 그리고 인간의 고뇌와 생명과 자유를 주제로 한 독특한 작품을 발표, 세계 무용계의 큰 별로 떠올랐다.

"몸은 신성한 옷이다. 우리는 태어날 때부터 죽을 때가지 이 옷을 걸치게 된다. 이 옷을 걸치며 생명이 시작되고 이 옷을 벗는 순간 생명이 끝난다. 그래서 우리는 이 옷을 소중히 다루어야 한다."

무용은 아름답고 선하고 깨끗해야 한다는 일반적 인식을 크게 바꾸어놓은 그녀의 작품은 초창기인 1920년대 강한 실험성으로 공연 도중 관객들이 자리를 뜨는 수모를 당하기도 했으나 시간이 흐를수록 새로운 무용사조로 인정 받게 됐다.

다중지능이론을 주창한 하버드대 하워드 가드너 교수는 "대략

200편에 이르는 그녀의 무용작품은 '전설'이라 불러도 손색이 없다"며 신체운동 영역의 창의적 천재로 그녀를 꼽았다.

자기관리에 철저했으며 어떤 면에서는 매우 까다로운 편이기도 했다. 안경을 쓴 모습을 보이지 않기 위해 늘 원고 없이 연설을 했는가 하면 극장의 객석에서조차 조명이 희미해지기를 기다린 후에야 비로소 안경을 썼다. 심지어는 기자회견에서도 텔레비전 카메라에 잡히기를 원하지 않았다. 무엇보다 그녀는 평범함을 거부했다.

"이 세상에서 절대 용납할 수 없는 것이 있는데, 그것은 평범이다. 우리가 자기 계발을 하지 않아 평범해진다면, 그것은 죄악이다. 사명으로 움직이는 사람들은 평범해질 틈이 없다."

1991년 96세를 일기로 세상을 떠난 마사 그레이엄은 생전에 최고 훈장인 대통령 자유메달을 받았고 타임지가 선정한 "20세기 가장 위대한 미국인 100명"에 선정되기도 했다. 그리고 지금도 수많은 무용가들의 연구대상이자 롤모델이다.

누구나 실패할 권리는 있다. 실패하더라도 한 단계 더 올라가고자 하는 용기가 있다면 실패는 발판이 된다. 실패를 두려워 하지 마라. 실패란 당신이 무엇인가를 했다는 뜻이다.

진정한 행복은 어디에도 정착하지 않는다.
찾더라도 발견되지 않지만 어디에나 있다.
돈으로는 결코 살 수 없으나
언제든지 손에 넣을 수 있다.

작은 행운이
큰 행복을 부른다

공원이나 숲속에 나가면 클로버 밭에 눈길이 간다. 사람들은 저마다 개체수가 작은 네잎클로버를 찾기 위해 세잎클로버를 밟거나 뭉개며 '행운'을 얻으려고 한다. 하지만 세잎클로버의 꽃말을 알고 있는가? 바로 '행복'이다. 이처럼 행운과 행복은 꽃잎 한 장 차이이다.

17세의 견습공으로 사회생활을 시작해 미국 자동차회사 크라이슬러를 세운 월터 크라이슬러Walter Chrysler는 다음과 같이 말했다.

"수많은 사람이 인생에서 출세하지 못하는 이유는 기회가 문을 두드릴 때 뒤뜰에 나가 네잎 클로버를 찾기 때문이다. 바로 앞의 기회나 행복을 못보고 찾기 어려운 행운만을 좇는 어리석은 짓을 하지 마라."

행운이란 기회를 잡을 준비가 되어 있어야 한다

인간의 행복은 행운과 떼려야 뗄 수 없는 관계에 있다는 것은 영어의 어원에서도 그대로 드러난다. '행복한'happy이라는 낱말은 우연과 행운을 뜻하는 아이슬란드어 '하프'happ에서 유래한 것이다. '행운'luck이라는 말은 15세기 독일어의 '글럭'gluck에서 따온 것으로 글럭은 행운과 행복을 뜻한다. 토요일마다 서민들의 가슴을 떨리게 하는 로또lotto는 이탈리어로 '행운'이라는 뜻이다.

"나는 행운을 믿지 않는다. 행운이란 기회를 잡을 준비가 되어 있다는 뜻이다."

오프라 윈프리의 말이다. 행운을 행복으로 만들기 위해서는 준비가 필요하다. 어리석은 사람은 자신에게 행운과 기회가 왔는데도 좀처럼 알아차리지 못한다. 하지만 작은 행운이라도 그것을 하찮게 여기지 않는 사람은 행복이라는 줄기를 잡을 수 있다.

주말 농장이나 농사일을 해 본 사람은 안다. 제초제를 아무리 뿌려도 죽지 않은 풀 가운데 대표적인 것이 클로버라는 것을. 겉은 죽은 것처럼 보이지만 땅속을 1센티미터만 파보면 곧 그물망처럼 얽혀 있는 클러버 줄기를 발견하게 된다. 행운과 행복은 서로 얽혀 있어 그것을 발견하고도 그 가치를 알지 못하는 사람에게는 그저 잡초에 불과할 뿐이다.

심리학 교수인 앨플레드 벤듀라는 행운이 사람들의 일상에 미치는 영향을 연구한 바 있다. 그는 행운의 중요성과 효과를 언급하며 이렇게 적었다.

"가장 사소한 우연이 인생을 결정짓는 가장 중요한 인자가 되기도 한다."

행운은 종종 뜻하지 않게 찾아온다
행운은 뜻하지 않게 찾아온다.
대부분의 행운은 사람과 사람과의 만남에서 시작된다.
1949년 가을 낸시 데이비스는 할리우드 신문에 실린 공산주의 동조자 명단에서 자신의 이름을 발견했다. 낸시는 깜짝 놀랐다.
"아니, 어떻게 내 이름이!"
하지만 그건 그녀가 아니었다. 그녀와 이름이 똑같은 여배우가 있었던 것이다. 낸시는 이 사건이 배우활동에 악영향을 미치지 않을까 걱정을 하다 감독을 찾아갔다.
"그런 일이라면 로널드 레이건에게 전화해 보시오. 그가 영화배우협회의 회장직을 맡고 있으니깐."
낸시는 로널드 레이건에 전화를 걸어 자신의 사정을 설명했다.
"잘 알겠소. 당신에게 만약 공산주의자라는 오해로 불상사가 벌어질 경우 영화배우협회에서 보호하겠소."
"감사합니다."
며칠 후 낸시는 다시 레이건에게 전화를 걸었다.
"아무래도 불안해서요. 이 문제에 대해 직접 찾아 뵙고 조언을 구하고 싶어요."
이렇게 해서 만난 두 사람은 금세 사랑에 빠졌고 얼마 후 부부가 되었다. 그후 로널드 레이건은 미국의 제40대 대통령이 되었고 낸시는 퍼스트 레이디가 되었다. 신발 세일즈맨의 아들로 태어나 '잘 생긴 B급 배우'라는 놀림을 받던 이혼남 레이건은 낸시를 만나면서 큰 행운을 얻은 것이다.

낸시는 레이건이 2004년 6월 합병증으로 93세의 생을 마감할 때까지 그의 곁을 지켰다. 그리고 레이건에게는 "총 한 방 쏘지 않고 공산 제국을 붕괴시킨 공로자"라는 칭호가 붙었다. 2007년에는 레이건의 이름을 딴 항공모함이 진수식을 갖기도 했다. 이렇듯 우연한 만남이 두 사람의 인생을 영원히 바꿔놓았다.

행복하기로 마음먹은 만큼 행복하다

행운과 행복은 '찾아오는 것'이 아니라 '찾아가는 것'이다. 행운이라는 작은 시냇물이 모여 행복이 되기도 하고, 행복한 삶을 추구하다보면 끊임없이 행운이 찾아오기도 한다. 행운을 찾기 위해 행복을 짓밟아서는 안 된다. 정신없이 행운만 좇다보면 행복을 놓치기 일쑤다. 앞만 보고 달려오다가 한참 후에야 비로소 자신에게도 많은 행운과 행복이 있었다는 걸 깨닫곤 한다.

철학자 칸트는 이렇게 말했다.

"행복의 원칙은 첫째 어떤 일을 할 것, 둘째 어떤 사람을 사랑할 것, 셋째 어떤 일에 희망을 가질 것이다."

여기서 중요한 것은 행복의 비법이란 자신이 좋아하는 일을 하는 것이 아니라 자신의 일을 좋아하는 것이라는 점이다. 결국에는 마음먹기에 달린 것이다.

링컨은 "사람은 행복하기로 마음먹은 만큼 행복하다"고 했다.

행운과 행복을 따로 구분하지 마라. 행운은 준비된 자의 몫이다. 행운의 주인공이 되고 싶다면 최선을 다해 준비하라. 그 행운이 행복을 가져다 줄 수 있다는 사실을 명심하라.

⚽ 이 고수를 훔쳐라! ⑯ 축구선수 안정환

행복과 불행은 내 마음 속에 있다

"나는 운이 좋은 선수였다."

2012년 은퇴식 회견장에서 '반지의 제왕' 안정환이 한 말이다. 그리고 다음말도 덧붙였다.

"축구선수로서 월드컵이라는 무대를 세 번이나 밟을 수 있었던 것은 선수로서 누릴 수 있었던 최상이었다. 너무 좋고 행복했다. 축구선수로 불리우는 것은 오늘이 마지막이지만 앞으로 축구를 위해 열심히 봉사할 생각이다. 몸은 2012년이지만 마음만은 2002년이다."

결국 안정환은 눈물을 흘렸고 기자회견장은 눈물과 웃음이 뒤섞였다. 그리고 2012년 2월 29일 서울월드컵 경기장에 모인 4만 6천여 관중 앞에서 성대한 은퇴식을 가졌다.

"우리의 영원한 영웅, 안정환!"

"사랑해요, 테리우스!"

안정환의 국가대표 활약상을 담은 영상이 대형전광판에 흘러나왔다. 골 장면마다 관객들은 크나큰 환호성과 박수로 그간 자신들을 감동시켰던 영웅에게 고마움을 표시했다.

"감사합니다. 여러분. 이제부터 그라운드에서 좋은 모습을 보일 수는 없지만, 향후 다른 방법을 찾아서 기쁨을 줄 수 있도록 하겠습니다. 저는 여러분의 사랑에 힘입어 지금껏 버틸 수 있었습니다. 죽을 때까지 이 사랑을 잊지 않겠습니다."

모든 관객이 일어나 떠나는 영웅에게 뜨거운 박수를 보냈다. 대성통곡을 하는 여성팬도 눈에 띄었다.

'나는 운이 좋은 선수였다'고 당당히 말하는 '반지의 제왕'

긴 머리를 흩날리며 축구의 '축'자도 모르는 여자들을 축구장으로 불러 모았던 테리우스 안정환. 한때는 화장품 모델을 했을 정도로 준수한 외모에 화려한 테크닉을 선보였던 선수. 2002년 16강전에서 이탈리아를 격침시킨 불세출의 축구 영웅. 당시 우리나라의 김태영 선수는 코뼈가 부러지는 부상을 입을 정도로 경기는 난투극에 가까웠고 이탈리아의 토티는 퇴장을 당하기도 했다.

이탈리아는 비에리의 선취골로 한국을 1-0으로 앞섰지만 후반 43분 설기현의 극적인 동점골로 승부를 연장전으로 이어갔다. 한 치의 양보도 없는 팽팽한 접전 끝에 결국 안정환 선수에게 헤딩 골든골을 허용해 이탈리아는 이변의 희생양이 되고 말았다.

안정환은 이 경기에서 커다란 실수를 했다. 전반전에 얻은 행운의 패널티킥을 실축한 것이다. 경기 내내 미안해 하는 모습이 카메라에 잡혔다. 회심의 슈팅이 빗나가자 땅을 치며 아쉬워 하는 장면도 포착되어 국민들의 가슴을 짠하게 했다. 당시 경기를 중계하던 한 방송국의 아나운서는 '제발 안정환 선수가 골을 넣었으면 좋겠다'는 멘트를 수차례 했을 정도였다.

국민들의 바람이 전해졌을까? 그는 극적인 골든 헤딩골을 넣고 반지에 키스를 해서 '반지의 제왕'이라는 별명을 얻었고, 코너킥 지역에 가서는 큰 대자로 누웠다. 그의 몸 위로 선수들의 몸이 겹쳐졌다. 마침 카메라가 그의 얼굴을 클로즈업했다. 지옥에서 살아나온 영웅의 모습이 이러했을까? 광고 패러디에도 사용된 이 장면은 2002년 월드컵의 가장 극적인 장면 중 하나였다.

하지만 기쁨도 잠시, 그에게는 가혹한 형벌이 기다리고 있었다. 당시 이탈리아의 페루자 소속이었던 안정환은 이탈리아를 상대로 골을 넣었다는 이유로 축구 인생의 변화를 맞을 수밖에 없었다.

"우리팀에 영원히 데리고 있으면서 경기에는 절대로 출전시키지 않고 벤치에만 머물게 할 것이다."

당시 AC 페루자의 가우치 구단주는 이같은 옹졸한 발언으로 파문을 일으켰고 결국 안정환은 페루자와 결별하고 일본으로 향했다. 그후 수많은 리그를 거쳐야 했다. 이렇게 축구 방랑객이 되어야 했던 안정환은 왜 기자회견장에서 자신을 '운이 좋은 선수'였고 '행복했다'고 말한 것일까?

안정환 만큼 아름다운 플레이어는 본 적이 없다

안정환은 1976년 1월 27일 경기도 파주에서 태어났다. 그의 어머니는 돈을 벌기 위해 일을 해야 했고 안정환은 외할머니 손에서 자라야 했다. 생부는 여전히 공개되지 않았으며 그는 외삼촌의 호적에 올라와 있다. 어린 시절부터 불행의 연속이었다.

안정환이 꿈을 이룰 수 있었던 것은 작은 만남에서부터 시작되었다. 중학교 시절의 어느날이었다. 그의 앞에 하늘과도 같은 축구영웅이 눈에 띄었다. 당시 '야생마'라는 별명으로 아시아 최고의 선수로 활약하고 있던 김주성 현 대한축구협회 사무총장이었다.

안정환은 손살같이 달려가 김주성에게 사인을 부탁했다. 김주성은 이 어린 꼬마에게 관심을 기울일 여유와 시간이 없었다. 하지만 서운하지 않았다. 그때 안정환은 결심했다.

"나도 프로선수가 돼서 누군가에게 사인을 해 주는 사람이 되어야겠다. 그리고 꼭 태극 마크를 달거야."

그후 서울공고, 아주대를 거쳐 K리그에 입성했다. 그의 꿈이 이루어진 것이다. 꿈은 여기에서 그치지 않고 그의 바람대로 국가대표로 이어졌다. 한때 한국 국가대표 감독이었던 코엘류는 안정환에 대해 이렇게 말했다.

"안정환은 스트라이커가 아니다. 박지성과 안정환 중 프리롤free role을 선택하라면 나는 안정환을 선택하겠다. 박지성은 세계적인 선수지만 안정환만큼 아름다운 플레이를 할 수는 없다."

안정환은 자신의 불행을 불행으로 여기지 않았다. 그것을 딛고 일어서기 위해 부단히 노력했다. 그가 K리그를 거쳐 이탈리아, 프랑스, 독일, 일본, 중국 등을 거치며 30대 중반이 넘도록 선수 생활을 포기하지 않은 것도 축구가 자신에게 행운과 행복을 가져다 주었기 때문이다. 무엇보다 안정환은 서두르지 않았다. 기다림과 겸손함을 누구보다 잘 알고 있었던 선수였다. 그리고 누구보다 성실했다.

2002년 월드컵 당시 안정환은 주전이 아니었다. 이른바 조커. 어느 날 한 기자가 '히딩크 감독에게 섭섭하지 않느냐'고 농담처럼 물었을 때 안정환은 이렇게 말했다.

"물론 주전으로 뛰고 싶습니다. 그러나 나를 벤치에 앉혀두는 것이 황선홍 선수라면 나는 아무런 불만이 없습니다."

안정환은 2006년 독일 월드컵에도 출전했다. 그리고 토고전에서 역전 결승골을 넣어 통산 3골로 아시아 선수 중 박지성과 함께 월드컵에서 가장 많은 골을 넣은 선수가 되었다. 토고전의 골은 의미가 남달랐다. 그건 우리나라가 월드컵 원정에 나선 지 52년 만에 승리한 경기였기 때문이다.

2010년 허정무 감독이 이끄는 남아공 월드컵 엔트리에도 들어갔지만, 아쉽게도 벤치를 지켰다. 경기가 풀리지 않거나 골이 들어가지 않을 때마다 사람들의 머릿속에는 찬스에 강한 그의 이름이 떠올랐다. 만약 그가 16강 우루과이전에 출전했더라면 어떻게 되었을까? 그리고 골을 넣었다면? 지금 생각해도 이 부분은 아쉬움으로 남는다. 하지만 안정환은 월드컵 3회 출전이라는 기록을 세웠다.

자신의 축구 인생이 행운과 행복의 연속이었다고 당당히 말하는 안정환. 그는 록펠러의 전기를 읽으며 사업가로 성공했고 기부도 많이 했던 그를 닮고 싶다고 했다. 그런 안정환이 이제 활발한 방송활동과 더불어 사업에도 도전하고 있다. 그러면 방송뿐만 아니라 사업도 성공할 것 같다.

자신의 불행을 불행으로 여기지 마라. 서두르지 마라. 인내하고 인내하면 언젠가는 기회가 찾아온다.

인생에서
가장 소중한 것은
고수에게 훔쳐라

1판 1쇄 인쇄 2016년 1월 13일
1판 1쇄 발행 2016년 1월 20일

지은이	이도준
발행인	허윤형
펴낸곳	황소북스
주소	서울 마포구 동교동 159-6번지 파라다이스텔 506호
전화	02 334 0173 **팩스** 02 334 0174
홈페이지	www.hwangsobooks.co.kr
블로그	http://blog.naver.com/hwangsobooks
포스트	http://post.naver.com/hwangsobooks
커뮤니티	http://cafe.naver.com/hwangsobooks
트위터	@hwangsobooks
등록	2009년 3월 20일(신고번호 제 313-2009-54호)

ISBN 978-89-97092-36-9(13320)

ⓒ 2016 이도준

* 이 책은 황소북스가 저작권자와의 계약에 따라 발행한 것이므로
  본사의 서면 허락 없이는 어떠한 형태나 수단으로도 이 책의 내용을 이용하지 못합니다.
* 잘못된 책은 구입하신 서점에서 바꾸어 드립니다.
* 책값은 뒤표지에 있습니다.

독자 여러분의 꿈과 행복을 응원하는 황소북스의 자기계발서

인생에서 가장 소중한 것은 고수에게 훔쳐라
이도준 지음 | 232쪽 | 값 13,800원

인생 고수들에게 배우는 16가지 삶의 지혜
이 책은 가브리엘 샤넬, 마사 그레이엄, 앤더슨 쿠퍼, 리자청, 서머셋 모옴, 박태준 등 위대한 인물들의 삶의 지혜를 통해 꿈을 만드는 방법, 질문력, 정리정돈, 자신감, 유머, 근검절약, 설득력, 창조력, 부지런함, 자기확신, 배려심, 심플한 인생법 등 무형의 자산을 훔칠 기회를 제공한다.

직관의 힘
은지성 지음 | 256쪽 | 값 13,800원

내 안에 숨은 1%를 깨우는 마법의 힘
"당신의 마음과 직관을 따를 용기를 가져라"는 말을 남긴 스티브 잡스에서부터 아인슈타인, 레이 크록, 에디슨, 리처드 브랜슨, 링컨, 찰리 채플린, 이작 펄만 등 자신의 직관대로 산 위인들의 가슴 찡하고 감동적인 이야기가 실려 있다.

특별 보급판 세트

생각대로 살지 않으면 사는 대로 생각하게 된다(세트)
은지성 지음 | 696쪽 | 값 25,000원

생각대로 살 것인가, 사는 대로 생각할 것인가?
색다른 자기계발서라는 평가를 받으며 30만 부의 판매고를 기록한 《생각대로~》시리즈의 특별 보급판 세트. 어려운 환경과 역경 속에서도 신념과 의지를 잃지 않고 자신이 세운 목표를 향해 달려가 마침내 꿈을 이룬 이들의 감동적인 인생 이야기가 펼쳐진다.

오늘은 당신의 남은 인생의 첫날이다
은지성 지음 | 232쪽 | 값 13,800원

잠시 잊고 지낸 하루의 소중함을 일깨워주는 책
이 책은 어려운 역경과 고난을 딛고 자신만의 삶을 일군 사람들의 가슴 찡한 인생 이야기이다. 시간을 천금같이 여기고 하루를 목숨처럼 여긴 사람들의 이야기를 통해 바쁜 일상 속에서 잠시 잊고 지낸 오늘의 소중함을 되새겨볼 수 있게 한다.

꿈을 이루기에 너무 늦은 나이란 없다
이형진 지음 | 232쪽 | 값 13,800원

꿈을 잊고 살아가는 3040세대에게 전하는 감동의 메시지
이 책은 나이를 잊고 꿈에 도전한 이들의 감동적인 인생 이야기를 담았다. 이 책의 메시지는 단순하다. 무엇인가 큰일을 성취하려고 한다면 나이를 먹어도 청년이 되어야 한다는 것이다. 왜냐하면 꿈을 이루기에 너무 늦은 나이란 없기 때문이다.

언품(言品)
이기주(전 대통령 스피치 라이터) 지음 | 256쪽 | 값 13,800원

적도 내 편으로 만드는 리더들의 25가지 대화법
말을 의미하는 한자 '언(言)'에는 묘한 뜻이 숨어 있다. 두 번(二) 생각한 뒤에 입(口)을 열어야 비로소 말(言)이 된다는 것이다. 사람에게는 인품이 있듯 말에도 품격이 있다. 그게 바로 이 책의 제목이기도 한 '언품(言品)'의 의미이자 이 책이 말하고자 하는 핵심어다.

적도 내 편으로 만드는 대화법
이기주(전 대통령 스피치 라이터) 지음 | 256쪽 | 값 12,800원

다투지 않고 상대의 마음을 얻는 49가지 대화의 기술
백 명의 친구를 사귀는 것보다 한 명의 적을 만들지 마라. 우리는 부모, 자식, 동료, 상사, 부하, 고객, 친구 등 헤아릴 수 없는 관계들로 둘러쌓여 있다. 이 책은 사람들과 새로운 관계를 맺고, 오랫동안 좋은 관계로 유지할 때 꼭 필요한 대화의 방법과 요령에 대해 알려줄 것이다.

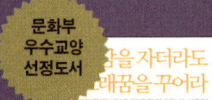

새우잠을 자더라도 고래꿈을 꾸어라
김선재 지음 | 224쪽 | 값 13,800원 문화체육관광부 우수교양도서

꿈을 향해 달려가는 이에게 전하는 49가지 감동 메시지
당신의 꿈의 크기가 바로 당신 인생의 크기이다. 이 책의 메시지는 단순하다. 꿈을 가지되 되도록 크게 가지라는 것이다. 크고 원대한 꿈은 생각도 행동도 크게 만든다. 꿈이 크면 그만큼 크게 될 수 있는 확률이 높다. 작은 꿈을 가슴에 품지 마라. 고래는 결코 어항 속에서 살 수 없다.

문화부
우수교양
선정도서

내가 꿈을 이루면 나는 누군가의 꿈이 된다
이도준 지음 | 224쪽 | 값 13,800원 문화체육관광부 우수교양도서

꿈을 잊고 살아가는 2030세대에게 전하는 메시지
이 책의 메시지는 단순한다. 꿈을 이루기 위해 앞만 보고 달려가기보다는 누군가의 꿈이 되기 위해 '꿈'을 꾸라는 것이다. 존 고다드, 스티브 잡스, 워런 버핏, 헤르만 헤세, 로맹 롤랑 등 자신의 꿈을 향해 달려가 마침내 꿈을 이룬 사람들의 감동적인 인생 이야기를 담았다.

네이버
〈오늘의 책〉
선정도서

생각대로 살지 않으면 사는 대로 생각하게 된다 1
은지성 지음 | 232쪽 | 값 13,800원 네이버 '오늘의 책' 선정도서

생각대로 살 것인가, 사는 대로 생각할 것인가?
불우한 환경 속에서도 역경과 고난을 이겨내고 자신만의 삶을 일군 사람들의 가슴 쩡한 인생 이야기. 사는 대로 생각한 것이 아니라 자신의 생각대로 꿈과 목표를 향해 달려가 마침내 그 꿈을 이룬 사람들의 이야기를 통해 실의에 찬 현대인에게 삶과 오늘의 진정한 의미를 묻는다.

교보문고
〈오늘의 책〉
선정도서

생각대로 살지 않으면 사는 대로 생각하게 된다 2
은지성 지음 | 232쪽 | 값 13,800원 교보문고 '오늘의 책' 선정도서

생각을 바꾸면 행동이 변한다. 행동을 바꾸면 인생이 변한다
전작《생각대로 살지 않으면 사는 대로 생각하게 된다》에 이은 두 번째 이야기. 어려운 환경과 역경 속에서도 신념과 의지를 잃지 않고 자신이 세운 목표를 향해 달려가 마침내 꿈을 이룬 이들의 감동적인 인생 이야기가 펼쳐진다.

교보문고
〈오늘의 책〉
선정도서

생각대로 살지 않으면 사는 대로 생각하게 된다 3
은지성, 이형진 지음 | 232쪽 | 값 13,800원 교보문고 '오늘의 책' 선정도서

한 사람의 생각이 세상을 바꾼다. 남과 다르게 생각하고 다르게 행동하라
전작《생각대로 살지 않으면 사는 대로 생각하게 된다》에 이은 세 번째 이야기. 상상할 수도 없는 삶의 고통과 좌절 속에서 결코 굴하지 않고 꿈을 이룬 사람들의 이야기. 한 사람의 생각이 어떻게 세상을 바꾸고 변화시키는지 경험하게 해준다.

미국의 한국 부자들
송승우 지음 | 264쪽 | 값 13,800원

미국에서 부를 이룬 코리안 GOOD RICH 10인의 백만불짜리 성공학

미국에서 부자가 된 토종 한국인의 성공과 인생 역정을 담은 책. 바이오 회사의 미국 법인장으로 근무하고 있는 저자가 10명의 한국 부자에게 직접 들은 노하우와 부자 되기 비결을 알려준다. 취재와 집필 기간을 비롯해 2년 남짓 걸려 완성한 역작.

맥도날드 사람들
폴 퍼셀라 지음 | 장세현 옮김 | 320쪽 | 값 15,000원

전 세계 120개국 31000개의 매장을 거느린 맥도날드의 7가지 성공원칙

맥도날드 창업자 레이 크록부터 현 CEO인 짐 스키너까지 8명의 최고경영자들을 비롯한 주요 임원, 매장 운영자 및 원료 공급원자 등 수십 명을 인터뷰한 내용을 바탕으로 맥도날드를 세계 최고의 브랜드로 만든 비밀을 밝히려는 시도를 담은 책.

성공은 쓰레기통 속에 있다
레이 크록 지음 | 장세현 옮김 | 320쪽 | 값 15,000원

맥도날드 창업자 레이 크록의 자서전

자그마한 도시의 일개 레스토랑에 불과하던 맥도날드를 오늘날의 세계적 기업으로 성장시키고, 나아가 프랜차이즈 업계의 혁명을 일으켜 하나의 산업을 창조해낸 레이 크록이 직접 들려주는 놀라운 인생 이야기가 담겨져 있다.